Cahier d'activités

accompagnant l'ouvrage Recueil de lecture

2ᵉ année

Rédaction	:	Francine Hotte
		Alain Larouche
		Lise Marchand-Belcourt
		Madeleine Perras
		Diane Sandre
Coordonnatrice du projet	:	Céline Renaud-Charrette
Conception graphique et couverture	:	Jo-Anne Labelle
Mise en page	:	Marie-Josée Hotte

Le ministère de l'Éducation de l'Ontario a fourni une aide financière pour la réalisation de ce projet. Cet apport financier ne doit pas pour autant être perçu comme une approbation ministérielle pour l'utilisation du matériel produit. Cette publication n'engage que l'opinion de ses auteures et auteurs, laquelle ne représente pas nécessairement celle du Ministère.

© CFORP, 2003
   435, rue Donald, Ottawa (Ontario) K1K 4X5
   Commandes : Tél. : (613) 747-1553
            Téléc. : (613) 747-0866
            Site Web : www.cforp.on.ca
            C. élec. : cforp@cforp.on.ca

ISBN 2-89581-058-3
Dépôt légal — deuxième trimestre 2003
Bibliothèque nationale du Canada

Imprimé au Canada ♻ Printed in Canada

Table des matières

2ᵉ année

Préambule

Ce recueil présente aux enseignantes et aux enseignants des modèles variés de questions et de tâches à proposer aux élèves de 2e année pour exploiter les textes du *Recueil de lecture*. Ces questions et ces tâches permettront aux élèves de développer des compétences en lecture.

Les questions et les tâches sont classées selon les quatre compétences du curriculum de français : le raisonnement, la communication, l'organisation des idées et le respect des conventions linguistiques. De plus, des pistes sont proposées pour offrir aux élèves des défis en écriture et à l'oral. Enfin, des gabarits de préécriture peuvent être imprimés dans le but de structurer la tâche à cette étape du processus d'écriture concernant ces différents types de textes.

Le matériel est disponible en deux formats : imprimé et électronique. Le format imprimé permet de voir l'ensemble des questions et des tâches proposées pour chaque texte. Si l'on reproduit ces documents, il est possible de cocher la case devant les questions et les tâches que l'on aura sélectionnées en vue de les soumettre aux élèves. La copie deviendra une feuille de route pour guider l'élève. Elle ou il effectuera le travail dans un cahier, à l'ordinateur ou autrement, selon le cas.

La version électronique est interactive. Elle permet aux enseignantes ou aux enseignants de naviguer dans la banque de questions et de tâches pour en sélectionner, selon leurs besoins, à l'écran. Elles et ils impriment alors des feuilles de route personnalisées pour leurs élèves. Il est possible d'ajouter de nouvelles questions à cette banque. De plus, des liens entre les textes de type semblable dans les autres années d'études permettent aux enseignantes ou aux enseignants d'exploiter aussi ces ressources.

Version électronique

Pour illustrer les possibilités d'exploitation de la version électronique de cet outil, voici quatre feuilles de route différentes produites par le logiciel. Pour un même texte, mais avec des intentions différentes, les choix faits par l'enseignant ou l'enseignante peuvent donner des résultats semblables à ceux énumérés ci-dessous.

Exemple 1

Feuille de route – Élève A

Un déjeuner magique
Pages 62 et 63

☐ Souligne la bonne réponse.

a) Pour déjeuner, la petite fille mange du gruau.
du riz.
des fraises.

b) La mère de la petite fille ne l'entend pas.
la regarde pas.
la nourrit pas.

☐ Qu'arrive-t-il à Manon quand elle mange les fraises magiques?

_____

_____

☐ Manon n'a pas rêvé. Le mur de sa chambre est bleu, blanc et rouge. Selon toi, qui a peint le mur dans la chambre de Manon? Explique ta réponse.

_____

_____

☐ Écris **F** si les événements sont **fictifs** et **R** si les événements sont **réels**.

F ou **R**

a) J'ai mangé de grosses fraises rouges. _____

b) On dirait que je suis un fantôme. _____

c) J'écris une note à Maman. _____

d) Je suis invisible. _____

Ce récit est-il fictif ou réel? Explique ta réponse.

_____

_____

☐ Écris le verbe **être** ou **avoir** dans les phrases suivantes :

a) J' _____ l'impression d'_____ invisible.

b) Je _____ invisible!

c) Ma chambre _____ tellement plus belle.

d) L'invisibilité _____ moins intéressante que je l'imaginais.

e) Mon mur _____ bleu, blanc et rouge.

Exemple 2

Feuille de route – Élève B (modification de programme)

Un déjeuner magique
Pages 62 et 63

☐ Souligne la bonne réponse.

a) Pour déjeuner, la petite fille mange du gruau.
du riz.
des fraises.

b) La mère de la petite fille ne l'entend pas.
la regarde pas.
la nourrit pas.

☐ Manon n'a pas rêvé. Le mur de sa chambre est bleu, blanc et rouge. Selon toi, qui a peint le mur dans la chambre de Manon? Explique ta réponse.

_____

_____

☐ Place les phrases selon l'ordre de l'histoire. Numérote-les de 1 à 5.

_____ Mon mur est bleu, blanc et rouge.

_____ J'ai l'impression d'être invisible.

_____ Je dépose une note aux pieds de Maman.

_____ J'ai mangé des grosses fraises rouges.

_____ Maman me regarde avec un grand sourire.

☐ Écris deux questions qui commencent par «Est-ce que» que tu voudrais poser à Manon.

a) _____

b) _____

☐ Forme des mots avec les syllabes. Tu y trouveras trois noms et trois adjectifs. Fais l'accord des noms et des adjectifs.

ju	teu	ner	ses	dé
gi	cham	ses	gran	que
frai	ma	jeu	de	bre

des _____   _____

un _____   _____

une _____

Exemple 3

Feuille de route – Communication et tâches d'écriture

Un déjeuner magique
Pages 62 et 63

☐ Manon n'a pas rêvé. Le mur de sa chambre est bleu, blanc et rouge. Selon toi, qui a peint le mur dans la chambre de Manon? Explique ta réponse.

_____

_____

☐ Si tu étais invisible pour une journée, raconte trois choses que tu ferais.

_____

_____

_____

☐ Manon a toujours rêvé de peindre un mur de sa chambre en bleu, blanc et rouge. Toi, quel est ton plus grand désir? Complète la phrase suivante :
Moi, j'ai toujours rêvé de_____

_____

☐ Manon a tout essayé pour attirer l'attention de Maman. Qu'aurais-tu fait à sa place?

_____

_____

☐ Compose la note que Manon aurait pu écrire à sa mère.

☐ Écris un récit fictif qui commence par : «Pour déjeuner, j'ai mangé _____ . Leur forme était _____ . Depuis ce temps je sens que

_____ .

Exemple 4

Feuille de route – Tâche d'évaluation

Un déjeuner magique
Pages 62 et 63

☐ Souligne la bonne réponse.
a) Pour déjeuner, la petite fille mange du gruau.
du riz.
des fraises.

b) La mère de la petite fille ne   l'entend pas.
la regarde pas.
la nourrit pas.

☐ Manon n'a pas rêvé. Le mur de sa chambre est bleu, blanc et rouge. Selon toi, qui a peint le mur dans la chambre de Manon? Explique ta réponse.

_____

_____

☐ Écris **F** si les événements sont **fictifs** et **R** si les événements sont **réels**.   **F** ou **R**
a) J'ai mangé de grosses fraises rouges.   _____
b) On dirait que je suis un fantôme.   _____
c) J'écris une note à Maman.   _____
d) Je suis invisible.   _____
Ce récit est-il fictif ou réel? Explique ta réponse.

_____

_____

☐ Donne un autre titre à l'histoire. Pourquoi as-tu choisi ce titre?

_____

_____

☐ Écris deux questions qui commencent par «Est-ce que» que tu voudrais poser à Manon.
a) _____
b) _____

☐ Écris le verbe **être** ou **avoir** dans les phrases suivantes :
a) J' _____ l'impression d'_____ invisible.
b) Je _____ invisible!
c) Ma chambre _____ tellement plus belle.
d) L'invisibilité _____ moins intéressante que je l'imaginais.
e) Mon mur _____ bleu, blanc et rouge.

Le cadeau de mes rêves
Page 49

RAISONNEMENT – Questions à répondre à l'aide des idées du texte.

☐ Encercle la bonne réponse.

L'aide-mémoire présente les choses à faire

a) chaque semaine.

b) chaque matin.

c) chaque jour.

☐ Complète les phrases à l'aide du texte.

a) Je vois mes amis moins souvent parce que _____

_____

b) Je prends bien soin de mon chiot parce que _____

_____

☐ Trouve un mot qui veut dire la même chose que le mot écrit en gras.

comprendre	dommages	marche

– J'amène mon chiot faire une **randonnée** _____.

– Je surveille mon chiot pour qu'il ne fasse pas de **dégâts** _____ dans la maison.

– Je lui fais **saisir** _____ de ne pas japper pour rien.

☐ Imagine que l'enfant a reçu un chaton plutôt qu'un chien. Quelles tâches sont les mêmes? Écris **oui** quand les tâches sont les mêmes et **non** quand elles sont différentes.

L'enfant doit :	Oui ou Non
lui donner à manger et à boire.	
le brosser.	
lui faire faire une randonnée.	
le surveiller pour qu'il ne fasse pas de dégâts dans la maison.	
l'entraîner à ne pas sauter sur les gens.	
lui faire saisir de ne pas japper pour rien.	
le laver lorsqu'il se salit.	

Selon toi, est-il plus facile de s'occuper d'un chat ou d'un chien? Explique ta réponse.

_____

_____

☐ Relis l'aide-mémoire. Nomme les deux tâches que tu juges les plus importantes et dis pourquoi.

_____

_____

☐ Selon toi, qu'arrivera-t-il si l'enfant ne s'occupe pas bien de son chien? Discutes-en avec ton équipe et ensuite avec toute la classe.

☐ Illustre la tâche que tu aimerais le plus faire et le moins faire, si tu avais un chiot.

Dis pourquoi.

J'aimerais faire cette tâche parce que _____ _____	Je n'aimerais pas beaucoup faire cette tâche parce que_____ _____

☐ À partir de l'illustration et des idées du texte, illustre certaines des qualités du chiot. Donne-lui un nom.

Nom donné au chiot :	
Qualité	**Qualité**

ORGANISATION DES IDÉES — Questions pour montrer la compréhension de l'organisation du texte.

☐ Replace les tâches selon l'ordre de l'aide-mémoire. Numérote-les de 1 à 8.

_____ le laver lorsqu'il se salit

_____ l'entraîner à ne pas sauter sur les gens

_____ l'amener jouer et l'aimer

_____ lui donner à manger et à boire

_____ le surveiller pour qu'il ne fasse pas de dégâts dans la maison

_____ le brosser

_____ lui faire saisir de ne pas japper pour rien

_____ lui faire faire une randonnée.

☐ Examine l'aide-mémoire. Que remarques-tu? Encercle les bonnes réponses.

Chaque tâche débute

a) par un mot d'action (p. ex., le laver)

b) par «*Je*... (p. ex., Je promène mon chiot.)

c) par un tiret (–)

d) par un numéro (p. ex., 1, 2, ...).

☐ Transcris correctement une tâche de l'aide-mémoire selon le modèle.

_____

☐ Pense à une autre tâche à ajouter à l'aide-mémoire. Écris-la.

_____

RESPECT DES CONVENTIONS LINGUISTIQUES — Questions pour montrer la compréhension des conventions linguistiques apprises.

☐ Écris deux mots de :

une syllabe : _____   _____

deux syllabes : _____   _____

trois syllabes : _____   _____

☐ Trouve deux mots pour chacun des sons suivants :

o   cadeau   _____   _____

on   menton   _____   _____

☐ Trouve six mots qui se terminent par le son **é**. Encercle les lettres qui font **é**.

p. ex., donn(er)   _____   _____

                           _____   _____

                           _____   _____

☐ Mets les mots de chaque phrase en ordre. N'oublie pas la lettre majuscule et le point.

a) un est avoir chiot amusant très

_____

b) chiot soin je bien prendre mon continue à de

_____

c) je cœur mon l'aime tout de

_____

☐ Forme le féminin de ces mots :

ami   _____

meilleur   _____

grand   _____

amusant   _____

☐ Réécris les phrases ci-dessous au féminin.

a) Il va devenir le chien le plus fin du monde.

_____ va devenir la chienne la plus _____ du monde.

b) Mon chien est mon meilleur ami.

Ma chienne est ma _____ _____.

☐ Utilise les articles **le**, **la**, **les** devant ces mots.

_____ chiot

_____ cadeau

_____ rêves

_____ choses

_____ randonnée

_____ rêves

☐ Utilise deux articles (le, la, les ou un, une, des) dans une phrase.

_____

ÉCRITURE (tâches ouvertes)

☐ En équipe, composez une chanson ou un rap se rapportant aux idées contenues dans cet aide-mémoire.

☐ Quel est le cadeau de tes rêves? Raconte.

☐ En équipe, écrivez une lettre à un ou une vétérinaire pour lui demander des renseignements sur les soins à apporter aux chiens.

☐ Tu pars en voyage avec tes parents et ton chien Fido. Fais un aide-mémoire afin de t'assurer de ne rien oublier pour Fido.

COMMUNICATION ORALE (tâches ouvertes)

☐ Fais un montage photographique portant sur ton animal préféré. Présente ton montage à la classe en le commentant.

☐ Avec un ou une partenaire, trouve des occasions où c'est nécessaire d'utiliser un aide-mémoire. En groupe-classe, faites une liste de vos découvertes.

☐ Penses-tu que c'est facile de s'occuper d'un chiot? En petit groupe, créez une saynète pour le démontrer.

☐ Joue le rôle d'un ou d'une enfant qui essaie de convaincre ses parents de lui acheter son animal favori.

Mes vacances d'été
Pages 50 et 51

RAISONNEMENT – Questions à répondre à l'aide des idées du texte.

☐ J'encercle la réponse qui convient selon les idées du texte.

a) Je prends

le bateau
l'avion
le train

pour la première fois.

b) Mes grands-parents habitent près

de Sarnia.
du lac Supérieur.
de Sudbury.

c) Dans mes bagages, j'apporte

une surprise
une revue de sports
mon rouli-roulant

pour mes grands-parents.

d) Je vais chez mes grands-parents pour

un mois.
l'été.
dix jours.

e) Bientôt ce sera les vacances

de Noël.
d'été.
du mois de mars.

☐ J'écris **oui** ou **non**.

Dans ma valise, j'ai mis un chapeau _____

un coffre à crayons _____

un sac de plage _____

une bouteille de crème solaire _____

des mitaines _____

un parapluie _____

un bâton de hockey _____

une belle robe _____

un pyjama _____

une paire de sandales _____.

☐ Retrouve dans le texte deux idées qui démontrent que le personnage qui part en voyage est jeune.

_____   _____

☐ Cherche le mot caché.

p	a	n	t	a	l	o	n	s	v
y	c	h	a	p	e	a	u	j	d
j	m	a	n	c	h	e	s	e	m
a	b	a	s	l	a	c	n	u	a
m	a	i	l	l	o	t	a	x	t
a	i	d	i	x	s	l	i	s	i
e	n	r	o	b	e	e	t	e	n

bain	dents	lac	manches	pyjama
bas	dix	jeux	matin	robe
chapeau	été	maillot	pantalons	

16

Le mot caché est un objet très pratique pour le voyage : _____

Illustre-le.

☐ Vérifie dans le texte et transcris seulement les articles qu'elle dépose dans sa valise.

un dictionnaire   des billes   un peigne

un tube de dentifrice   des pantalons longs   une belle robe

une bougie   du ruban rouge   un casse-tête

_____

_____

_____

COMMUNICATION – Questions à répondre à l'aide des idées du texte et des connaissances et expériences personnelles.

☐ Coche (✓) la bonne réponse.

L'histoire se déroule durant le mois de

☐ juin   ☐ janvier

☐ septembre   ☐ mars

Explique ton choix.

☐ Examine l'aide-mémoire. Nomme deux activités que la jeune fille se propose de faire. Explique tes choix.

_____   _____

☐ Quels changements apporterais-tu à l'aide-mémoire, si la jeune fille partait en vacances pour cinq jours plutôt que dix jours? Présente tes changements à ton équipe.

10 jours	5 jours
– – – –	– – – –

☐ Imagine que, toi aussi, tu pars en vacances chez tes grands-parents. Compare-toi à la jeune fille de l'histoire. Présente ton tableau à ton équipe.

La jeune fille	Moi
lieu de destination :	
moyen de transport :	
surprise pour les grands-parents :	
objets pour s'occuper durant le trajet :	
une activité prévue là-bas :	
trois activités pareilles :	
trois activités différentes :	

ORGANISATION DES IDÉES – Questions pour montrer la compréhension de l'organisation du texte.

☐ Place les phrases selon l'ordre du texte. Numérote-les de 1 à 6.

_____ Elle prendra l'avion pour la première fois.

_____ Elle vérifie sa valise pour s'assurer qu'elle a tout mis.

_____ Elle part vers 8 h demain matin.

_____ Elle a dressé une liste des choses à apporter.

_____ Elle a préparé ses bagages.

_____ Elle ira chez ses grands-parents.

☐ Choisis la bonne réponse.

Mes vacances d'été est _____.

une lettre	une affiche	un récit fictif
un récit	un aide-mémoire	un poème

Explique ton choix.

_____

_____

☐ Examine l'aide-mémoire de la jeune fille. Imagine qu'elle part en visite chez ses grands-parents pour les vacances de Noël. Prépare-lui un nouvel aide-mémoire selon le modèle présenté.

☐ Ordonne correctement les mots pour faire des phrases affirmatives.

a)

fois	l'avion	la	Je	pour	prends	première

_____

b)

beau	Je	un	vais	voyage	faire

_____

c)

visite	cet	Je	mes	été	grands-parents

_____

☐ Choisis l'adjectif qui convient pour chacun des noms ci-dessous.

a)	b)	c)	d)	e)
court	calme	long	dernier	premier
courts	calmes	longs	derniers	premiers
courte		longue	dernière	première
courtes		longues	dernières	premières

a) des pantalons _____

b) des jeux _____

c) des manches _____

d) la _____ journée

e) le _____ jour

☐ Encercle les lettres qui font le son **an** dans les mots suivants :

un chandail   des pantalons   des sandales   des manches

grand-maman   maintenant   amusant   des vacances

sous-vêtements   un écran solaire   mes parents   je prends

Trouve un autre mot dans l'aide-mémoire qui renferme le son **an** :

_____

☐ Souligne les verbes dans les phrases suivantes :

Mes parents et moi préparons nos bagages.

Je prends l'avion pour la première fois.

Je pars vers 8 h demain matin.

Je prépare mes valises.

☐ Dans la liste, on retrouve 7 pantalons courts. Pourquoi y a-t-il un **s** au mot pantalons? Explique la règle.

_____

_____

☐ Dans la liste des choses à apporter, trouve

un mot au féminin : _____

un mot au pluriel : _____

un mot au masculin : _____

ÉCRITURE (tâches ouvertes)

☐ À l'aide de magazines, trouve des illustrations d'endroits que tu aimerais visiter pendant les vacances (p. ex., zoo, château, parc). Colle les illustrations sur un grand carton. Dans le coin de ton carton, dresse la liste de ces endroits.

☐ Décore un joli calepin que tu pourras utiliser comme aide-mémoire afin de noter tes activités.

☐ Imagine que tu t'en vas coucher chez ton meilleur ami ou ta meilleure amie. Fais un aide-mémoire. Inscris tout ce dont tu auras besoin.

☐ Ton grand frère part pour un camp de neige pendant une fin de semaine. Il s'est trompé en faisant son aide-mémoire et a inscrit des choses qui ne lui seront pas utiles. Voici sa liste.

– une brosse à dents   – des bottes

– une canne à pêche   – un maillot de bain

– un chandail de laine   – des pantalons de neige

– des bas chauds   – des pantalons courts

– des sous-vêtements

Enlève trois articles dont il n'aura pas besoin et explique tes choix.

J'enlève _____, _____, _____

parce que _____.

☐ À son retour de vacances, la jeune fille de l'histoire écrit une lettre à ses grands-parents. Elle désire les remercier. Rédige cette lettre.

☐ Illustre un endroit que tu rêves de visiter.

Écris une phrase pour décrire cet endroit magnifique.

COMMUNICATION ORALE (tâches ouvertes)

☐ Pense à un lieu où aller. Ensuite, dépose dans un sac de quatre à six objets à apporter dans ce lieu. Sors les objets devant les camarades et invite-les à deviner l'endroit où tu vas.

☐ Avec un ou une partenaire, imagine une conversation entre deux objets qui se trouvent dans la valise de la jeune fille. Présente cette conversation aux élèves du groupe-classe.

☐ Avec deux partenaires, présente la rencontre des grands-parents et de la jeune fille à l'aéroport. Utilisez un théâtre de marionnettes.

☐ Es-tu déjà allé en voyage quelque part? Raconte où tu es allé et ce que tu as aimé le plus pendant ton voyage.

☐ Imagine que tu prends l'avion pour aller visiter un autre pays. Raconte où tu vas. Dis pourquoi tu as choisi ce pays.

Mon aide-mémoire
Page 52

RAISONNEMENT – Questions à répondre à l'aide des idées du texte.

☐ Encercle les jours où l'enfant utilise son aide-mémoire.

lundi	mardi	mercredi	jeudi	vendredi	samedi	dimanche

☐ Retrouve dans le texte le mot qui veut dire

a) j'éteins la lumière = je _____ la lumière

b) je mange = je _____

c) accroché = _____

☐ Complète les phrases ci-dessous en encerclant la fin qui correspond au texte.

– Le sac à dos est préparé par

    a) Prince.

    b) l'enfant.

    c) son frère.

– L'enfant entre le journal dans la maison

    a) après avoir promené le chien.

    b) en revenant de l'école.

    c) après déjeuner.

– Du lundi au vendredi,

    a) rien ne presse.

    b) l'enfant joue le matin jusqu'à huit heures.

    c) l'enfant est très occupé le matin.

☐ Réponds aux questions à l'aide du texte.

a) Pourquoi l'enfant a-t-il besoin d'un aide-mémoire les jours d'école?

_____

_____

b) Pourquoi l'enfant n'a-t-il pas besoin d'un aide-mémoire la fin de semaine?

_____

_____

c) Où l'enfant rencontre-t-il ses amis?

_____

COMMUNICATION – Questions à répondre à l'aide des idées du texte et des connaissances et expériences personnelles.

☐ Nomme deux tâches dans l'aide-mémoire de l'enfant que tu n'aimes pas et explique pourquoi.

_____

_____

☐ Avec un ou une partenaire, discute des tâches que vous ajouteriez à l'aide-mémoire de l'enfant. Donne deux raisons pourquoi vous les ajouteriez.

_____

_____

☐ Observe l'illustration. À quel temps de l'année se déroule ce récit? Encerlce les réponses possibles. Explique tes choix.

été	printemps	automne	hiver

ORGANISATION DES IDÉES – Questions pour montrer la compréhension de l'organisation du texte.

☐ Examine l'aide-mémoire de l'enfant. Décris la présentation des éléments de l'aide-mémoire. Encercle la bonne réponse.

– Chaque tâche de l'aide-mémoire débute

a) par un mot d'action (p. ex., Promener le chien)

b) par «Je…»

– Devant chaque élément de l'aide-mémoire, il y a

a) un chiffre (1., 2., …)

b) un tiret (–)

c) une case (☐)

d) un point (•)

– L'aide-mémoire de l'enfant présente

a) une liste d'objets.

b) une liste de choses à faire.

c) une liste d'épicerie.

d) une liste de devoirs à faire.

☐ Ajoute deux autres éléments à l'aide-mémoire de l'enfant. Suis le modèle.

8. _____

9. _____

RESPECT DES CONVENTIONS LINGUISTIQUES – Questions pour montrer la compréhension des conventions linguistiques apprises.

☐ Écris correctement les verbes au présent de l'indicatif dans les phrases suivantes :

a) Je _____ (laver) mon visage.

b) J'_____ (entrer) le journal dans la maison.

c) Je _____ (m'habiller) et je _____ (fermer) la lumière de ma chambre.

d) Je _____ (quitter) la maison à huit heures.

e) Je n'_____ (avoir) pas de temps à perdre.

f) Je _____ (être) à l'heure à chaque matin.

☐ Lis les phrases suivantes :

a) «Dès mon réveil, toutes les minutes sont importantes.»

Explique pourquoi les mots *minutes* et *importantes* se terminent par un **s**.

Les mots *minutes* et *importantes* se terminent par un **s** parce que

_____ .

b) «Je rencontre mes amis à l'arrêt d'autobus.»

Réécris cette phrase en transformant *mes amis* au singulier.

Je _____ .

☐ Trouve dans le texte deux mots dans lesquels le son **é** est écrit de façon différente.

_____   _____

ÉCRITURE (tâches ouvertes)

☐ En équipe, rédigez un aide-mémoire pour une sortie au musée, pour la visite des parents en classe, pour un projet de sciences, pour une présentation orale ou pour toute autre activité se déroulant en classe.

☐ Dessine dans l'ordre chronologique trois tâches que tu fais le soir avant de te coucher. Écris des mots sous les dessins pour décrire chaque tâche.

☐ En équipe, rédigez une liste de ce que pourraient souhaiter avoir les héroïnes et héros des contes pour enfants (p. ex., Blanche-Neige pourrait souhaiter avoir un contrepoison, un aspirateur pour nettoyer la maison des nains, un kilo de pommes sans poison, etc.).

COMMUNICATION ORALE (tâches ouvertes)

☐ En équipe, participez à une discussion portant sur les bonnes routines des devoirs à la maison.

☐ Mime avec un ou une partenaire ta routine du matin avant de te rendre à l'école.

Fiche de planification du dossier d'écriture

Je prépare la rédaction d'un aide-mémoire.

Je choisis le thème de mon aide-mémoire.	

Mon aide-mémoire sera

☐ une liste d'objets

☐ une liste d'actions à faire.

Je note tous les éléments importants à écrire dans mon aide-mémoire.	Je note l'ordre des éléments.

✓ Je transcris mon aide-mémoire en suivant mon plan.

RAISONNEMENT – Questions à répondre à l'aide des idées du texte.

☐ Qui est Grisette? Note ses caractéristiques.

couleur :
âge :
qualité :
particularité :

Illlustre Grisette.

☐ Explique pourquoi ce matin est différent des autres matins.

_____

_____

☐ Pourquoi Grisette revient-elle souvent à l'école?

_____

_____

☐ Encercle la bonne réponse.

«... le vétérinaire lui *a amputé* la patte droite arrière» veut dire :

le vétérinaire lui

a plié
a coupé
a attaché

la patte droite arrière.

☐ Complète les phrases suivantes :

a) Pourquoi l'enfant apporte-t-il Grisette à l'école?

L'enfant apporte Grisette à l'école parce que _____

_____

b) Quelle demande font plusieurs élèves à la directrice?

Ils demandent _____

_____

c) Quelle permission demande la directrice?

La directrice demande la permission de _____

_____

COMMUNICATION – Questions à répondre à l'aide des idées du texte et des connaissances et expériences personnelles.

☐ Grisette devient la mascotte de l'école.

a) Quel est le rôle d'une mascotte?

_____

b) Nomme des mascottes que tu connais (p. ex., Frimousse à la chaîne tfo).

_____

☐ Grisette a un handicap depuis son accident. Énumère toutes les actions que Grisette peut trouver difficiles à faire.

_____

_____

☐ Nomme trois occasions spéciales où Grisette pourrait venir à ton école.

_____   _____   _____

☐ Imagine que tu as un chat. Quel nom lui donnerais-tu? Pourquoi?

_____

_____

ORGANISATION DES IDÉES – Questions pour montrer la compréhension de l'organisation du texte.

☐ Lis le titre de l'histoire et regarde l'illustration. Selon toi, de quoi sera-t-il question dans l'histoire? _____

_____

Après avoir lu le récit, explique si le titre convient à l'histoire.

_____

_____

☐ Qu'est-ce qui arrive à Grisette? Place les phrases en ordre en les numérotant de 1 à 4.

_____ Grisette regarde les élèves et ronronne.

_____ Grisette se rend à l'école.

_____ Grisette revient très souvent à l'école avec moi.

_____ Grisette est nommée la mascotte de l'école.

☐ Complète les phrases pour te rappeler les parties importantes du récit.

Début de l'histoire :	Ce matin n'est pas comme les autres parce que _____.
Milieu de l'histoire :	Grisette n'est pas une chatte ordinaire. _____ _____. Grisette regarde les élèves de la classe et _____. Pendant la journée, Grisette visite les classes et la directrice. À la fin de la journée, la directrice m'invite de nouveau dans son bureau. Elle me demande_____ _____ _____.
Fin de l'histoire :	Grisette est chanceuse. Elle_____ _____.

RESPECT DES CONVENTIONS LINGUISTIQUES – Questions pour montrer la compréhension des conventions linguistiques apprises.

☐ Mets l'article (un, une, des) qui convient devant les noms suivants :

_____ mascotte   _____ permission   _____ occasions

_____ récréation   _____ bureau   _____ amis

_____ jambes   _____ chatte   _____ animal

☐ Ajoute un nom qui convient aux articles suivants :

un _____   une _____   des _____

☐ Complète les phrases ci-dessous en choisissant le bon mot.

Chatte chatte	Elle elle	Grisette grisette	Vétérinaire vétérinaire	Je je

a) _____ est ma chatte.

b) _____ a quatre ans.

c) Le _____ a soigné mon animal.

d) _____ suis fier de ma _____.

Complète la règle suivante :

Une phrase débute par une _____ et se termine par un

_____ .

☐ Transforme ces phrases en phrases négatives en utilisant *ne… pas* ou *n'… pas*. N'oublie pas la majuscule et le point.

a) Je vois le soleil à l'horizon. _____

b) Grisette est un animal ordinaire. _____

c) Grisette peut revenir à l'école. _____

ÉCRITURE (tâches ouvertes)

☐ Dessine une mascotte pour le concours de mascotte de ta classe. Écris ses caractéristiques.

Nom de la mascotte :	Ses caractéristiques

☐ Invente un court récit au sujet de ton animal préféré.

☐ Rédige la fiche descriptive de Grisette ou de ton animal préféré.

☐ Écris une devinette sur l'animal de ton choix. Présente-la à tes camarades de classe.

☐ En équipe, faites la liste des métiers où les personnes travaillent avec des animaux.

☐ Fais une courte recherche sur le métier de vétérinaire.

COMMUNICATION ORALE (tâches ouvertes)

☐ Suggère d'autres occasions où Grisette pourrait revenir à l'école.

☐ En équipe, discutez si votre classe et votre école sont appropriées pour un ou une élève

  a) aveugle.

  b) en fauteuil roulant.

  Y a-t-il des changements à faire dans la salle de classe ou dans l'école pour accommoder ces élèves. Lesquels?

☐ Visite l'animalerie de ton quartier avec ton groupe-classe ou avec tes parents. Au retour, fais le résumé de ta visite à ton groupe de camarades.

☐ Participe avec ton groupe à un montage de photos présentant vos animaux préférés.

RAISONNEMENT – Questions à répondre à l'aide des idées du texte.

☐ Encercle la bonne réponse.

– Pourquoi Li-Mai a-t-elle souvent les yeux pleins de larmes?

a) Elle se sent seule.

b) Un garçon lui a fait de la peine.

c) Ses yeux lui font mal.

– Lucie est une bonne amie de Li-Mai.

a) Elle lui donne de bons conseils.

b) Elle lui offre son amitié.

c) Elle est l'amie d'Omar.

☐ Lucie a posé trois gestes d'amitié pour faire plaisir à Li-Mai. Nomme les trois gestes d'amitié.

1._____

2._____

3._____

☐ Trouve des preuves dans le récit.

	Preuves
Lucie et Omar sont de bons amis.	
Li-Mai se sent seule.	
La mère d'Omar donne de bons conseils.	

☐ a) Qu'est-ce qu'un trio? _____

b) D'après toi, pourquoi appelle-t-on les amis un *trio parfait*? Explique ta réponse.

_____

_____

b) Connais-tu des groupes (p. ex., chanteurs, chanteuses, etc.) qui forment des trios? Nomme-les.

_____

☐ La maman d'Omar lui a donné un conseil. Quel autre conseil donnerais-tu à Omar? _____

_____

☐ Donne deux qualités ou traits de caractère de Lucie.

Lucie est _____ .

Explique ce que Lucie fait.

Lucie est _____ .

Explique ce que Lucie fait.

☐ As-tu déjà vécu une situation semblable à celle de Li-Mai ou d'Omar? Raconte.

☐ Dessine le personnage que tu aimerais être.

Explique pourquoi tu aimerais être ce personnage.

_____

_____

ORGANISATION DES IDÉES – Questions pour montrer la compréhension de l'organisation du texte.

☐ Replace les événements selon l'ordre du récit.
Numérote les phrases de 1 à 4.

_____ Omar demande conseil à sa maman.

_____ Lucie et Omar jouent au ballon à la récréation. Ils partagent leur collation.

_____ Omar propose à Lucie et à Li-Mai de jouer avec lui. Les deux acceptent avec joie.

_____ Li-Mai se sent seule. Elle ne connaît personne.

☐ Le récit se compose d'un début, d'un milieu et d'une fin. Complète le plan du début de l'histoire.

> | Qui? | Qui sont les deux personnages au début de l'histoire? |
> | Où? | Où se passe l'histoire? |

☐ Encercle et illustre la bonne fin de l'histoire.

a) Omar, Lucie et Li-Mai forment un trio parfait.

b) Lucie et Li-Mai refusent de jouer avec Omar.

c) Omar ne veut pas être l'ami de Lucie et de Li-Mai.

RESPECT DES CONVENTIONS LINGUISTIQUES – Questions pour montrer la compréhension des conventions linguistiques apprises.

☐ Imite les phrases. Ajoute un mot qui fait du sens.

a) Une larme tombe.

Une _____ tombe.

b) Omar est un bon ami.

Lucie est une _____ amie.

c) Les enfants jouent au ballon.

Les enfants jouent au _____.

Les _____ jouent à la balle.

☐ a) Découpe les mots du texte en syllabes (p. ex., en–fant).

Omar _____

conseil _____

demande _____

maintenant _____

trio _____

b) Utilise deux de ces mots dans une phrase.

_____

_____

☐ Oups! Les mots se sont mélangés dans les phrases. Remets-les en ordre.

a) nouvelle   l'école.   à   élève   arrive   Une

_____

b) dessins.   lui   Elle   montre   ses

_____

c) mère.   Omar   le   suit   de   sa   conseil

_____

d) ne   Pourquoi   même   la   fais-tu   chose?   pas

_____

e) trio   C'est   parfait   un   maintenant!

_____

☐ Écris une devinette à propos d'un bon ami ou d'une bonne amie. N'oublie pas d'écrire des qualités.

Exemple de devinette :   Mon amie est gentille.

Elle a les yeux bleus.

Elle partage ses jeux avec moi.

Elle sourit tout le temps.

Qui est mon amie secrète?

☐ En équipe, imaginez et écrivez une suite différente à l'histoire.

Omar propose à Lucie et à Li-Mai de jouer avec lui mais... _____

_____

Quel titre donnerez-vous à votre histoire?

_____

☐ Dessine le visage d'un ou d'une camarade. Écris ses qualités tout autour de son visage. Un vrai soleil!

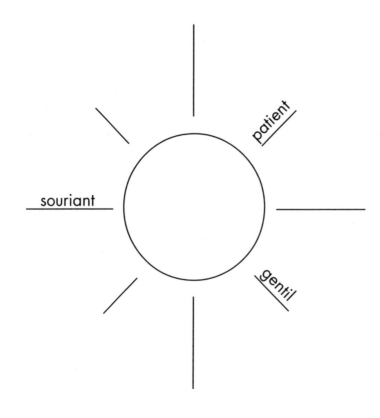

☐ Raconte un événement heureux ou triste que tu as vécu avec un ami ou une amie. Explique ce qui est arrivé et comment l'événement s'est terminé.

☐ Imagine que tu parles au téléphone avec ton meilleur ami ou ta meilleure amie. Avec un ou une partenaire, exerce-toi à bien parler au téléphone en utilisant des téléphones «jouets». Tenez le combiné convenablement pour que la voix porte bien. N'oubliez pas d'utiliser les formules d'usage correctes :

– «Bonjour. Est-ce que je peux parler à…»

– «Un instant s'il vous plaît…»

☐ Parle de ton ami préféré. Raconte pourquoi vous êtes de si bons amis.

OU

Parle de ton amie préférée. Raconte pourquoi vous êtes de si bonnes amies.

Une aventure en camping
Pages 56 et 57

RAISONNEMENT – Questions à répondre à l'aide des idées du texte.

☐ Encercle la bonne définition des mots en gras.

a) Nous passons devant le petit **sentier interdit**.

le sentier : le champ, le chemin étroit, le serin

interdit : invisible, défendu, inverse

b) Les ratons laveurs sont **grassouillets**.

grassouillets : laids, un peu gras, lents

c) Mes parents **rangent** l'équipement de camping.

rangent : mettre de l'ordre dans, dérangent, montent

d) Les larmes **ruissellent** sur mes joues.

ruissellent : chatouillent, sèchent, coulent

☐ Le récit nous présente certains traits de caractère des personnages. Trouve les passages qui démontrent chaque trait de caractère.

Traits de caractère	Passages du récit
L'auteure a le goût de l'aventure. Elle est **aventureuse**.	_____ _____
Josée est **obéissante**.	_____ _____
L'auteure est **désobéissante**.	_____ _____

☐ Trouve les réponses aux questions suivantes :

a) À quel moment se déroule l'histoire?

_____

_____

b) Les filles font une promenade. Quelle sorte de promenade font-elles?

_____

_____

c) Quelles sont les deux familles d'animaux nommées dans l'histoire?

_____

_____

COMMUNICATION – Questions à répondre à l'aide des idées du texte et des connaissances et expériences personnelles.

☐ Dessine un visage pour indiquer le sentiment que vit chaque personnage ou animal. Explique pourquoi chaque personnage ou animal vit ce sentiment.

J'invite Josée à m'accompagner.

Josée est _____ parce que _____

_____

Maman est très _____,

Maman est très _____ parce que _____

_____

Il y a une famille de mouffettes. Le bruit de ma bicyclette leur fait peur.
Les mouffettes sont _____ parce que_____

_____

Je prends un bain dans le jus de tomate.

Je me sens _____ parce que_____

_____

43

☐ As-tu déjà vécu une situation malheureuse parce que tu avais désobéi? Raconte ton aventure à un ou une camarade.

☐ En petit groupe, inventez une autre fin à l'histoire. Venez raconter votre nouvelle fin d'histoire devant le groupe-classe.

☐ À quel personnage ressembles-tu le plus? Explique ta réponse.

☐ Que penses-tu de la décision des deux fillettes? Encercle ton choix et explique ta réponse.

Je suis (d'accord/pas d'accord) avec la décision de Josée parce que

_____

_____

_____

Je suis (d'accord/pas d'accord) avec la décision de l'autre fille parce que _____

_____

_____

☐ Selon toi, pourquoi Josée est-elle déçue de la décision de son amie?

1. _____

_____

2. _____

_____

ORGANISATION DES IDÉES – Questions pour montrer la compréhension de l'organisation du texte.

☐ Remets l'histoire en ordre. Écris les chiffres de 1 à 5. Attention, il y a une phrase que tu ne dois pas choisir. Place un X à côté de cette phrase.

_____ Je prends un bain dans le jus de tomate.

_____ Nous passons devant le petit sentier interdit.

_____ Josée regarde les ratons laveurs.

_____ Mes parents rangent l'équipement de camping.

_____ Il y a une famille de mouffettes.

_____ J'invite Josée à m'accompagner en vélo.

☐ Ce récit est une histoire réelle. Coche (✓) les phrases qui prouvent que c'est une histoire réelle.

_____ L'histoire raconte un fait vécu.

_____ L'histoire se déroule sur la planète Mars.

_____ L'histoire raconte un rêve.

_____ Les personnages sont des enfants comme moi.

☐ Relie chaque phrase à la bonne partie de l'histoire.

– Je prends un bain dans le jus de tomate.

– Le papa mouffette m'arrose.

– Les larmes ruissellent sur mes joues.

– Nous passons devant le petit sentier interdit.

– Mes parents rangent l'équipement de camping.

| Début |
| Milieu |
| Fin |

☐ Selon toi, quel est l'événement important qui modifie la suite de l'histoire?
Fais un (✓) devant la bonne réponse.

_____ Je me baigne dans le jus de tomate.

_____ Je décide de m'aventurer dans le sentier interdit.

_____ Je fais une randonnée en vélo avec Josée.

☐ Lis le texte suivant :

Nous passons devant le petit sentier interdit. Nous n'avons pas la permission d'y aller. Je demande à Josée si elle a le goût de s'y aventurer.

Trouve

un nom propre.   _____

un nom commun au masculin.   _____

un nom commun au féminin.   _____

un adjectif.   _____

☐ Relie les phrases en choisissant le mot qui convient le mieux.

depuis	puis	bientôt	alors

a) Le papa mouffette décide de protéger sa famille, _____ il m'arrose.

b) Il est 8 heures. Je me lève _____ je déjeune.

c) C'est l'été et _____ ce sera les vacances.

d) Je suis triste _____ que mon amie est partie.

☐ Ordonne correctement les mots afin de former des phrases. N'oublie pas la majuscule et la bonne ponctuation.

a) odeur cette de à me elle m'aide débarrasser

_____

b) nous aller permission n'avons pas d'y la

_____

c) que tu avec est-ce viens moi

_____

ÉCRITURE (tâches ouvertes)

☐ En équipe, rédigez les règles de sécurité pour une promenade en vélo dans la nature.

☐ En petit groupe, faites la liste des noms des autres animaux que la fillette aurait pu rencontrer dans le sentier.

☐ En équipe de quatre, écrivez un aide-mémoire de ce que l'on doit apporter lors d'une randonnée en vélo dans la nature.

☐ Rédige un court récit. Assure-toi que ton histoire renferme tous les éléments d'un court récit.

Coche (✓) chaque élément.

Mon récit raconte une petite histoire de faits vécus ou imaginaires. ☐

Mon récit renferme

– un titre ☐

– un début (qui? quand? où?) ☐

– un milieu (quoi? problème – événements) ☐

– une fin ☐

COMMUNICATION ORALE (tâches ouvertes)

☐ Lis la première page du récit et arrête ta lecture. Imagine ce qu'il peut y avoir dans le petit sentier interdit. Raconte-le à ton groupe.

☐ En équipe, faites un remue-méninges de tout ce qui aurait pu arriver à la petite fille lors de sa promenade en vélo. Faites part de vos idées au groupe-classe.

☐ Choisis une bande dessinée dans le journal.

Découpe les cases de la bande dessinée et mélange-les.

Échange-les avec celles d'un ou d'une partenaire.

Essaie de replacer les cases en ordre et raconte l'histoire.

Écoute ensuite la version de ta ou ton partenaire.

☐ Enregistre ce court récit sur bande audio. Présente-le à un petit groupe de première année.

Fiche de planification du dossier d'écriture

Je prépare la rédaction d'un court récit.

Titre : _____

Qui? (personnages)	Où? (lieux)	Quand? (temps)

1. Début (Événement important – problème)

2. Milieu (Événement)

3. Fin

✓ Je rédige mon récit en suivant mon plan.

Les étoiles font la fête
Pages 58 et 59

RAISONNEMENT – Questions à répondre à l'aide des idées du texte.

☐ Nomme les personnages de l'histoire.

Je suis l'oncle de la jeune étoile. : _____

Nous sommes les amies de la jeune étoile. :

_____   _____   _____

☐ Où se passe le récit? Dessine cet endroit.

☐ Complète le menu du repas de fête.

MENU

Plat principal : _____

Dessert : _____

Boisson : _____

Qui est responsable de préparer ce repas? _____

☐ Que veut dire le mot écrit **en gras**? Souligne la bonne réponse.

a) J'aime tellement ce **succulent** repas.

(sucré, gros, délicieux)

b) Cette boisson **rafraîchissante** est faite du produit des rayons de soleil.

(glacée, qui calme la soif, engraissante)

c) Je vais faire semblant d'être **étonnée**.

(surprise, fatiguée, fâchée)

d) Au dessert, j'aurai de la crème glacée aux **brisures** de cailloux.

(couleurs, morceaux, parfums)

COMMUNICATION – Questions à répondre à l'aide des idées du texte et des connaissances et expériences personnelles.

☐ Compare le jeu de balle-molle spatiale au jeu de balle-molle terrestre. Nomme et illustre l'équipement nécessaire.

Balle-molle spatiale		Balle-molle terrestre	
	Illustration		Illustration
	Illustration		Illustration

☐ Quel nom donnerais-tu à la jeune étoile qui fête son anniversaire? Pourquoi?

_____

_____

☐ Pense aux différents événements de l'histoire. As-tu déjà vécu un événement semblable? Raconte.

_____

_____

_____

_____

☐ La jeune étoile sait qu'on lui prépare une fête. Elle décide de faire semblant d'être étonnée. Regarde-toi dans le miroir. Imite la jeune étoile qui est étonnée.

Si tu étais à la place de l'étoile, ferais-tu semblant d'être surprise? Explique ta réponse.

_____

_____

_____

ORGANISATION DES IDÉES – Questions pour montrer la compréhension de l'organisation du texte.

☐ Cette histoire est un récit fictif, c'est-à-dire imaginaire. Écris **oui** ou **non** au côté de chaque énoncé.

Les personnages sont des étoiles. _____

Les personnages sont des enfants comme toi. _____

L'histoire se déroule dans une galaxie. _____

Les personnages mangent du pâté au poulet. _____

Note un exemple qui prouve que ce récit est fictif.

_____

☐ a) Quel est le titre de ce récit?

_____

b) Quel autre titre donnerais-tu à cette histoire?

_____

☐ Remets les phrases en ordre selon le récit. Écris les chiffres de 1 à 6.

_____ Après la partie de balle-molle, nous allons manger.

_____ J'ai 34 millions d'années.

_____ Oncle Zalaire adore cuisiner et il pense toujours à nous faire briller.

_____ Je suis la joueuse de premier but.

_____ Mes copains et mes copines me font une grande fête surprise.

_____ Au dessert, j'aurai de la crème glacée aux brisures de cailloux.

RESPECT DES CONVENTIONS LINGUISTIQUES – Questions pour montrer la compréhension des conventions linguistiques apprises.

☐ Écris correctement les verbes au présent de l'indicatif.

a) Oncle Zalaire _____ (cuisiner) de bons repas.

b) Les étoiles _____ (aimer) la crème glacée aux brisures de cailloux.

c) Nous _____ (chanter) bonne fête.

d) Vous _____ (jouer) à la balle-molle.

e) Ma mère et oncle Zalaire _____ (préparer) mon repas préféré.

☐ Les mots se composent de syllabes (p. ex., bâ - ton). Trouve dans l'histoire, un mot de :

une syllabe _____

deux syllabes _____

trois syllabes _____

quatre syllabes _____

☐ Trouve deux mots dans l'histoire qui ont les sons suivants :

é _____   _____

on _____   _____

☐ Écris correctement le verbe **être** au présent.

C'_____ aujourd'hui mon anniversaire.

Je _____ l'étoile la plus jeune de ma galaxie.

C'_____ mon jeu préféré.

Les étoiles _____ mes amies.

Tu _____ une bonne joueuse de balle-molle.

Cette boisson rafraîchissante _____ faite du produit des rayons du soleil.

Nous _____ contentes de fêter ta fête.

☐ Réécris les phrases correctement. N'oublie pas les majuscules et la ponctuation à la fin des phrases.

a) mégatheetcélestinechantentbonnefête

_____

_____

b) quelâgeas-tuaujourd'hui

_____

_____

ÉCRITURE (tâches ouvertes)

☐ Rédige une invitation. Invite un ou une camarade à venir sur la galaxie fêter l'anniversaire de l'étoile.

☐ En équipe, imaginez et écrivez une suite différente à l'histoire :

«– Oh! j'entends mes amies. Elles arrivent en chantant... Je vais leur dire que je sais TOUT.»

☐ En équipe, inventez un court récit fictif qui a pour titre : «Les étoiles de mer font la fête».

COMMUNICATION ORALE (tâches ouvertes)

☐ Complète les expressions avec les bons mots.

attraper	un bâton	lancer

Je dois dire :

_____ la balle au lieu de «catcher» la balle.

_____ la balle au lieu de «pitcher» la balle.

_____ de balle-molle au lieu d'un «bat» de balle-molle.

Consulte un dictionnaire visuel pour découvrir d'autres mots de vocabulaire reliés à la balle-molle ou au baseball.

☐ En équipe, préparez un spectacle de marionnettes à partir de cette histoire.

☐ Participe à une discussion au sujet des étoiles et des planètes de notre système solaire. Pose des questions pour en savoir davantage.

☐ Présente un de tes cadeaux de fête aux élèves de la classe.

☐ En équipe, imaginez un autre jeu spatial. Expliquez et donnez une démonstration de ce jeu aux autres élèves du groupe-classe.

☐ En équipe, imaginez un autre menu de fête. Illustrez ce menu sur un carton. Présentez votre menu au groupe-classe.

Les monstres de la salle de bain
Pages 60 et 61

RAISONNEMENT – Questions à répondre à l'aide des idées du texte.

☐ Lis chaque phrase. Fais un visage souriant dans la case si c'est **vrai** ☺ et un visage triste si c'est **faux** ☹.

Maman a vu Bessa se cacher derrière la porte. ◯

Loua se cache dans les toilettes. ◯

Je crie à pleins poumons : «Maman, je ne trouve pas mon pyjama!» ◯

Maman a l'air contente de monter à l'étage pour une troisième fois. ◯

Xétaire se cache dans le cabinet sous le lavabo. ◯

Les monstres viennent me border dans mon lit. ◯

☐ Selon toi, que veulent dire les expressions ci-dessous? Encercle la bonne réponse.

D'après moi, …

a) «Dormir à poings fermés» veut dire…

être fâché.
dormir profondément.
donner des coups de poing.

b) «Je crie à pleins poumons veut dire…»

j'ai mal aux poumons.
mes poumons sont pleins d'air.
je crie très fort.

c) «Elle vient me border» veut dire…

elle replie les draps de mon lit.
elle s'assied sur le bord du lit.
elle vient à bord du bateau.

☐ À chaque fois qu'un monstre apparaît, le petit garçon appelle sa maman pour qu'elle monte. Pourquoi maman doit-elle monter? Encercle la bonne réponse.

a) Lorsque Xétaire apparaît, maman doit monter parce que l'eau est

trop chaude.

trop froide.

trop tiède.

b) Lorsque Bessa apparaît, maman doit monter parce que l'eau est

trop chaude.

trop froide.

trop tiède.

c) Lorsque Louar apparaît, maman doit monter parce que le petit garçon n'a pas de

dentifrice.

shampooing.

débarbouillette.

☐ Nomme les trois monstres. Dessine leur cachette.

_____   _____   _____

☐ Imagine que tu es un monstre et que tu joues des tours toi aussi.

Invente de nouvelles cachettes pour que maman ne puisse pas te voir.

Si tu es dans la salle de lavage, où te cacheras-tu? _____

Si tu es dans le salon, où te cacheras-tu? _____

Si tu es dans la cuisine, où te cacheras-tu? _____

Si tu es dans le garage, où te cacheras-tu? _____

Si tu es dans le sous-sol, où te cacheras-tu? _____

Si tu es dans la salle de jeux, où te cacheras-tu? _____

Si tu es dans ta chambre à coucher, où te cacheras-tu?_____

☐ As-tu déjà imaginé une situation où des monstres venaient te faire peur? Raconte.

☐ Est-ce que ta routine du coucher ressemble à celle du petit garçon? Illustre deux actions qui sont pareilles et deux qui sont différentes. Présente ta routine à tes camarades.

Ce qui est pareil		Ce qui est différent	

☐ D'après toi, est-ce que cette histoire est réelle ou imaginaire? Explique ta réponse en donnant deux exemples tirés de l'histoire.

Cette histoire est _____ parce que

(réelle ou imaginaire)

1. _____

_____

2. _____

_____

☐ Place les événements de l'histoire dans le bon ordre. Numérote les phrases de 1 à 6.

_____ Je suis en pyjama et je descends enfin, tout propre.

_____ Je me suis savonné et je me suis bien rincé.

_____ Nous lisons une histoire, puis elle me donne un petit baiser.

_____ Trois monstres rôdent dans la pièce où je prends mon bain.

_____ Je mets les orteils à l'eau et j'aperçois Bessa.

_____ Je me lave le visage.

☐ Le récit a un début, un milieu et une fin. Illustre chaque partie du récit.

Début	Milieu	Fin

☐ Imagine qu'il y a trois autres monstres qui sont apparus dans la salle de bain. Comment s'appellent-ils? Quelle excuse ou quel prétexte peux-tu inventer pour faire monter maman ou papa? Que lui demanderas-tu? Commence ta question par :

«Maman, est-ce que...» **ou**

«Papa, est-ce que...».

a) Premier monstre : _____
(Nom)

Que demandes-tu à maman ou à papa?

_____, _____
(Maman ou Papa)

_____

b) Deuxième monstre : _____
(Nom)

Que demandes-tu à maman ou à papa?

_____, _____
(Maman ou Papa)

_____

c) Troisième monstre : _____
(Nom)

Que demandes-tu à maman ou à papa?

_____, _____
(Maman ou Papa)

_____

☐ Aide les trois petits monstres à mettre un point ou un point d'interrogation à la fin de chaque phrase.

a) Est-ce que tu aimes prendre un bain avec des bulles

b) J'aime bien m'amuser avec mes amis les monstres

c) Maman, apporte-moi du savon

d) Quand vas-tu te cacher derrière la porte

e) Je n'ai pas peur des monstres

f) Où s'est caché Louar

☐ Me voici. Je suis Bichou le monstre. Complète ma description en choisissant les bons adjectifs et en faisant mon dessin.

J'ai deux _____ (petit, petite, petits, petites) yeux et de _____ (grand, grande, grands, grandes) oreilles. J'ai une _____ (long, longue, longs, longues) queue et des _____ (gros, grosse, grosses) pieds avec des griffes _____ (pointu, pointus, pointue, pointues). Je ressemble à un _____ (petit, petite, petits, petites) diable.

Me voici.

ÉCRITURE (tâches ouvertes)

☐ Imagine que tu es un monstre. Quels tours pourrais-tu jouer à quelqu'un? Écris quelques tours que tu pourrais jouer. Que fais-tu? Où es-tu? À qui joues-tu les tours?

☐ As-tu déjà eu peur la nuit? As-tu déjà eu un mauvais rêve à propos d'un monstre? Écris ce qui s'est passé dans ton rêve et ce que tu as fait.

COMMUNICATION ORALE (tâches ouvertes)

☐ C'est la nuit! Tu te réveilles et tu entends des bruits dans ta chambre. Il y a des ombres bizarres. Invente et raconte ce que tu vois et comment tu te sens.

☐ Découpe différentes parties du corps de divers animaux dans des magazines ou des catalogues. Crée un monstre en collant ensemble les différentes parties. Donne un nom à ton monstre et présente-le à tes camarades.

Un déjeuner magique
Pages 62 et 63

RAISONNEMENT – Questions à répondre à l'aide des idées du texte.

☐ Lis bien les phrases. Dessine ce que chaque phrase décrit.

J'ai mangé de grosses fraises rouges.	Je dépose une note sur le plancher.
Le mur de ma chambre est bleu, blanc et rouge.	Je décide d'écrire une note.

☐ Souligne la bonne réponse.

a) Pour déjeuner, la petite fille mange   du gruau.

                                               du riz.

                                               des fraises.

b) La mère de la petite fille ne   l'entend pas.

                                           la regarde pas.

                                           la nourrit pas.

c) Manon décide   de téléphoner à sa mère.

de lui écrire une note.

de se rendre chez le médecin.

d) Elle a toujours rêvé   de devenir un fantôme.

de peindre le mur de sa chambre.

de ramasser des fraises.

☐ Qu'arrive-t-il à Manon quand elle mange les fraises magiques?

_____

_____

☐ Qui raconte l'histoire? _____

Comment le sais-tu? _____

_____

COMMUNICATION – Questions à répondre à l'aide des idées du texte et des connaissances et expériences personnelles.

☐ Manon n'a pas rêvé. Le mur de sa chambre est bleu, blanc et rouge. Selon toi, qui a peint le mur dans la chambre de Manon? Explique ta réponse.

_____

_____

☐ Si tu étais invisible pour une journée, raconte trois choses que tu ferais.

_____

_____

_____

☐ Manon a toujours rêvé de peindre un mur de sa chambre en bleu, blanc et rouge. Toi, quel est ton plus grand désir? Complète la phrase suivante :

Moi, j'ai toujours rêvé de _____

_____

☐ Manon a tout essayé pour attirer l'attention de Maman. Qu'aurais-tu fait à sa place?

_____

_____

☐ Manon n'a mangé que des fraises pour déjeuner. Crois-tu que c'est un bon déjeuner? _____ Quels autres aliments aurait-elle pu manger?

_____

_____

ORGANISATION DES IDÉES – Questions pour montrer la compréhension de l'organisation du texte.

☐ Écris **F** si les événements sont **fictifs** et **R** si les événements sont **réels**.

F ou **R**

a) J'ai mangé de grosses fraises rouges.   _____

b) On dirait que je suis un fantôme.   _____

c) J'écris une note à Maman.   _____

d) Je suis invisible.   _____

Ce récit est-il fictif ou réel? Explique ta réponse.

_____

_____

☐ Place les phrases selon l'ordre de l'histoire. Numérote-les de 1 à 5.

_____ Mon mur est bleu, blanc et rouge.

_____ J'ai l'impression d'être invisible.

_____ Je dépose une note aux pieds de Maman.

_____ J'ai mangé des grosses fraises rouges.

_____ Maman me regarde avec un grand sourire.

☐ Donne un autre titre à l'histoire. Pourquoi as-tu choisi ce titre?

_____

_____

☐ Écris deux questions qui commencent par «Est-ce que» que tu voudrais poser à Manon.

a) _____

b) _____

☐ Écris le verbe **être** ou **avoir** dans les phrases suivantes :

a) J' _____ l'impression d'_____ invisible.

b) Je _____ invisible!

c) Ma chambre _____ tellement plus belle.

d) L'invisibilité _____ moins intéressante que je l'imaginais.

e) Mon mur _____ bleu, blanc et rouge.

☐ Fais l'accord du nom et de l'adjectif.

a) J'ai mangé des fraise__ rouge__.

b) Il y a des couleur__ amusante__ sur mon mur.

c) Les petit__ enfant__ aiment les grand__ fantôme__.

☐ Forme des mots avec les syllabes. Tu y trouveras trois noms et trois adjectifs. Fais l'accord des noms et des adjectifs.

ju	teu	ner	ses	dé
gi	cham	ses	gran	que
frai	ma	jeu	de	bre

des _____   _____

un _____   _____

une _____   _____

ÉCRITURE (tâches ouvertes)

☐ Compose la note que Manon aurait pu écrire à sa mère.

☐ Écris un récit fictif qui commence par : «Pour déjeuner, j'ai mangé
_____ . Leur forme était _____. Depuis ce temps je
sens que _____ .

☐ En équipe, découpez des illustrations de fruits dans les feuillets publicitaires
des épiceries. Collez les illustrations sur un grand carton. Écrivez les noms
des fruits à côté des illustrations.

COMMUNICATION ORALE (tâches ouvertes)

☐ Raconte un rêve que tu as fait.

☐ Explique à tes camarades comment tu décorerais ta chambre, si tes parents
te le permettaient.

☐ Avec un ou une camarade, fais une saynète de ce récit.

Fiche de planification du dossier d'écriture

Je prépare la rédaction d'un court récit fictif.

Titre : _____

Qui? (personnages)	**Où?** (lieux)	**Quand?** (temps)

1. Début (Événement important – problème

2. Milieu		
(Événement)	(Événement)	(Événement)

3. Fin

✓ Je rédige mon récit en suivant mon plan.

RAISONNEMENT – Questions à répondre à l'aide des idées du texte.

☐ Place les métiers dans les bonnes catégories.

Personnes qui répondent à des urgences ou qui rendent service.	Personnes qui s'occupent de la santé des gens et des animaux.	Personnes qui travaillent dans le domaine des arts.
_____ _____	_____ _____ _____	_____ _____ _____

☐ Lis les réponses aux devinettes. Quels sont les métiers présentés au pluriel?

_____

_____

Quel mot t'a servi d'indice? _____

☐ Nomme les quatre métiers présentés dans l'illustration.

_____   _____

_____   _____

COMMUNICATION – Questions à répondre à l'aide des idées du texte et des connaissances et expériences personnelles.

☐ Parmi les métiers proposés, choisis les trois que tu préfères. Dis pourquoi.

☐ En équipe, dresse la liste des métiers exercés par tes parents et par les parents des élèves de ton équipe. Présente tes résultats au groupe-classe sous forme d'un tableau ou d'un pictogramme.

ORGANISATION DES IDÉES – Questions pour montrer la compréhension de l'organisation du texte.

☐ Quelles devinettes présentent un indice et lesquelles en présentent deux? Écris les numéros des devinettes.

Devinettes avec un (1) indice : _____

Devinettes avec deux (2) indices : _____

☐ Quelles questions retrouve-t-on à la fin des devinettes?

_____ ou _____

☐ Ajoute deux indices aux devinettes ci-dessous, allant du moins évident au plus évident.

(indice 1) _____

(indice 2) _____

(indice 3) J'éteins les incendies. Qui suis-je?

Réponse : un _____ ou une _____

(indice 1) _____

(indice 2) _____-

(indice 3) J'enseigne dans une école. Qui suis-je?

Réponse : un _____ ou une _____

RESPECT DES CONVENTIONS LINGUISTIQUES – Questions pour montrer la compréhension des conventions linguistiques apprises.

☐ Écris correctement les verbes au présent de l'indicatif.

a) Le docteur _____ (soigner) les malades.

b) Les musiciennes _____ (jouer) dans l'orchestre.

c) Nous _____ (fabriquer) des meubles.

d) Tu _____ (piloter) un avion.

e) Vous _____ (réparer) les machines et les moteurs.

f) J'_____ (enseigner) dans une école.

☐ Écris les noms des métiers au féminin.

un auteur une _____

un enseignant une _____

un docteur une _____

☐ Utilise correctement les articles **le**, **la** ou **les** devant les noms.

_____ policières _____ pâtissière

_____ docteur _____ musiciens

_____ gardiennes _____ mécanicien

☐ a) Récris la devinette au singulier.

Nous faisons partie d'un orchestre. Qui sommes-nous?

_____

_____

Réponse : Je suis _____

_____

b) Réécris la phrase de la devinette au pluriel.

Je joue un rôle dans un film. Qui suis-je?

_____

_____

Réponse : Nous sommes _____

ÉCRITURE (tâches ouvertes)

☐ Écris deux devinettes ayant chacune trois indices. Pose tes devinettes aux élèves de ton groupe.

(indice 1) _____

(indice 2) _____

(indice 3) _____

Réponse : _____

(indice 1) _____

(indice 2) _____

(indice 3) _____

Réponse : _____

☐ En équipe, regroupez vos devinettes dans un petit recueil. Chaque élève est responsable d'écrire proprement ses deux devinettes et de les illustrer si désiré. Placez ensuite votre recueil au salon de lecture afin de partager vos devinettes avec toute la classe.

COMMUNICATION ORALE (tâches ouvertes)

☐ Va à la bibliothèque et trouve un livre qui présente un ou plusieurs métiers. Choisis un métier et présente-le à ton équipe ou à tout le groupe-classe à l'aide

- d'une devinette
- d'un dessin
- d'un mime
- d'une description orale
- ou d'une autre présentation de ton choix.

☐ Explique comment on peut reconnaître les personnes qui pratiquent certains métiers (p. ex., l'uniforme du policier ou de la policière).

☐ Trouve un objet qu'une personne utilise pour faire son métier (p. ex., un marteau). Ensuite, présente cet objet aux élèves de ta classe en expliquant son utilité.

Devinette

RAISONNEMENT – Questions à répondre à l'aide des idées du texte.

☐ Lis chaque devinette et essaie de trouver la réponse.

Réponses   1 : _____

2 : _____

3 : _____

Complète ensuite les illustrations du texte en reliant les chiffres. Avais-tu trouvé les bonnes réponses aux trois devinettes?_____

☐ Encercle le mot qui veut dire la même chose que le mot en italique. Trouve ces mots dans le texte pour t'aider à les comprendre.

déplacer	déposer	*rapide*	lent
	circuler		vite
	rester		bruyant

protéger	parler	*ressembler*	imiter
	couvrir		avoir l'air de
	renifler		rassembler

☐ Complète les phrases à l'aide des mots dans les devinettes.

a) Je porte des gants pour protéger mes _____ du froid.

b) Je suis un long véhicule qui se déplace sous la _____.

c) Je suis un _____ que tu retrouves dans une chambre à coucher.

d) Ma main a cinq _____.

☐ Encercle les vêtements qui te protègent du froid.

des pantalons courts, une tuque, des bas de laine, des mitaines,

une casquette, des bottes d'hiver, un imperméable, des sandales de plage

☐ Lis chaque phrase. Écris **vrai** ou **faux**.

a) Une main a cinq doigts. _____

b) Un gant protège mon bras. _____

c) Le train est un moyen de transport. _____

d) Un lit a différentes grandeurs. _____

e) Une mitaine a cinq doigts. _____

☐ Place ces moyens de transport dans l'ordre alphabétique.

bateau, autobus, train, bicyclette, cheval, motoneige, sous-marin

_____

_____

☐ Quelle devinette préfères-tu? Pourquoi?

_____

_____

☐ a) Énumère trois moyens de transport.

_____ _____ _____

b) Dessine un moyen de transport dans lequel tu voudrais prendre place.

c) Où aimerais-tu aller à bord de ce moyen de transport?
    Explique pourquoi.

_____

_____

ORGANISATION DES IDÉES – Questions pour montrer la compréhension de l'organisation du texte.

☐ Les trois textes sont des devinettes. Comment le sais-tu?

Ce sont des devinettes parce que _____

_____

_____

☐ Combien y a-t-il d'indices dans chaque devinette? _____

Comment débute chaque indice?

Chaque indice débute par _____

☐ Compose une devinette en respectant le modèle des trois devinettes.

Je _____

Je _____

Je _____

Qui suis-je?

Réponse : _____

☐ À quoi servent les trois illustrations placées sur les pages du texte?

_____

_____

☐ Encercle les verbes.

J'ai cinq doigts.

Je protège tes mains contre le froid.

Je me déplace sous la terre.

Je suis très très rapide.

Je ressemble à un long train.

Je ne marche pas.

☐ Lis les trois devinettes.

– Nomme deux adjectifs qui décrivent le lit.

_____   _____

– Nomme un adjectif qui décrit le train. _____

– Trouve un nom écrit

au masculin singulier : _____

au féminin singulier : _____

– Trouve trois noms écrits au pluriel :

_____   _____   _____

☐ Transforme ces phrases affirmatives en phrases interrogatives. Utilise l'expression *est-ce que*. N'oublie pas la lettre majuscule au début de la phrase et le point d'interrogation à la fin de la phrase.

a) Le train se déplace rapidement.

_____

b) Le lit a quatre pattes.

_____

c) J'ai cinq doigts.

_____

ÉCRITURE (tâches ouvertes)

☐ À l'ordinateur, écris à l'auteure pour commenter ses devinettes. Imprime ton travail.

☐ Avec un ou une partenaire, rédige une devinette sur un aliment ou sur un moyen de transport. Illustre ta réponse à l'aide d'une illustration à numéros, comme celles qui accompagnent les devinettes de l'auteure.

☐ Rédige une liste de dix choses qui ont des pattes, mais qui ne marchent pas (p. ex., un lit).

COMMUNICATION ORALE (tâches ouvertes)

☐ En équipe de quatre, composez et enregistrez individuellement une devinette sur bande audio. Écoutez votre enregistrement et vérifiez si vous prononcez clairement. Recommencez, si nécessaire. Ensuite, à tour de rôle, faites entendre votre devinette aux autres élèves de l'équipe. Invitez-les à trouver la réponse.

☐ Sers-toi des mots dans la boîte ci-dessous pour parler de l'hiver.

vêtements d'hiver	glisser	glace
extérieur	patiner	traîneau
neige	hockey	ski

☐ Cache un objet dans un sac et donne des indices aux autres afin de les aider à découvrir ton objet.

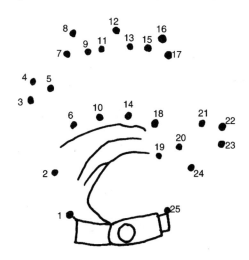

Qui suis-je?
Pages 68 et 69

RAISONNEMENT – Questions à répondre à l'aide des idées du texte.

☐ Lis les quatre devinettes. Complète le tableau en choisissant la bonne réponse pour chaque devinette.

kangourou	coq	serpent	poussin
poisson	fraise	koala	cerise

1ʳᵉ devinette	2ᵉ devinette	3ᵉ devinette	4ᵉ devinette

☐ Quel mot du texte veut dire :

a) ce qui recouvrent le corps des reptiles ou des poissons : _____

b) des sauts : _____

c) qui a beaucoup de jus : _____

☐ Pourquoi l'animal de la deuxième devinette se déplace-t-il en rampant?

_____

COMMUNICATION – Questions à répondre à l'aide des idées du texte et des connaissances et expériences personnelles.

☐ Connais-tu un petit fruit rouge et juteux autre que la fraise? Dessine-le. Trouve deux autres indices à ce fruit.

indice 1 Je suis un tout petit fruit, rouge et juteux.

indice 2 _____

indice 3 _____

Qui suis-je?

Pose ta devinette aux élèves de la classe.

☐ Qu'est-ce qui te réveille le matin? Préférerais-tu te faire réveiller par le chant de l'animal de la quatrième devinette? Explique ton choix à un ou une camarade.

☐ Invente une nouvelle devinette en complétant :

Je vis à la ferme.

_____

_____

Qui suis-je?

Présente ta devinette à un ou une camarade.

ORGANISATION DES IDÉES – Questions pour montrer la compréhension de l'organisation du texte.

☐ Complète le texte en choisissant les bons mots.

> question, Je, indices, devinette, point

Chaque _____ renferme trois _____.

Chaque indice débute par _____ et se termine par un _____.

Chaque devinette se termine par une _____.

☐ Associe les mots ci-dessous aux différentes devinettes.
Numérote-les de 1 à 4 selon l'ordre des devinettes.

_____ écailles

_____ champs

_____ matins

_____ Australie

☐ Lis la devinette suivante :

Je suis un tout petit fruit, rouge et bien juteux.

Je pousse dans les champs.

Je suis délicieuse dans les desserts ou dans la confiture.

Qui suis-je?

– Encercle les adjectifs.

– Souligne en bleu deux noms écrits au masculin pluriel.

– Souligne en vert un nom écrit au féminin singulier.

– Souligne en jaune un nom écrit au masculin singulier.

– Encercle un mot d'action (un verbe) écrit au présent.

☐ Pourquoi le mot *Australie* commence-t-il par une lettre majuscule?

_____

☐ Transforme ces phrases en ajoutant *ne pas* ou *n' pas*.

a) J'ai le corps recouvert d'écailles.

_____

b) Je vis à la ferme.

_____

c) Je pousse dans les champs.

_____

☐ Complète les phrases à l'aide des mots suivants :

mais	*et*	*alors*

a) J'ai des plumes _____ je ne vole pas.

b) Je saute _____ fais des bonds.

c) Je n'ai pas de pattes _____ je me déplace en rampant.

ÉCRITURE (tâches ouvertes)

☐ Rédige une devinette pour faire découvrir ta couleur préférée, un ami secret, un animal, etc.

☐ Rédige une fiche descriptive d'un animal et présente-la au groupe-classe.

☐ Renseigne-toi au sujet d'un animal qui vit en Australie. Dessine cet animal et rédige la liste de ses caractéristiques.

COMMUNICATION ORALE (tâches ouvertes)

☐ Dis une devinette de ton choix aux élèves de la première année ou du jardin. Exprime-toi correctement en articulant clairement.

☐ Renseigne-toi sur les animaux à plumes ou à écailles. Présente à tes camarades de classe trois choses que tu as apprises.

Dans ma lecture au sujet des _____,

j'ai appris   1. _____

                2. _____

                3. _____.

Titres des livres consultés : _____

_____

_____

Fiche de planification du dossier d'écriture

Je prépare le rédaction d'une devinette.

Je choisis le sujet de ma devinette : _____

Ma devinette fera découvrir

☐ une personne   ☐ un animal   ☐ une chose

✓ Je note tous les indices qui aideront à faire découvrir la réponse à ma devinette.

Je ... _____

Nous ... _____

Il ... _____

_____

_____

✓ Je choisis la question finale :

☐ Qui suis-je? **ou**   ☐ Qui sommes-nous?

✓ Je note la réponse à ma devinette :

✓ Je choisis mes trois (3) meilleurs indices et je les numérote.

_____

_____

_____

Légende :

1 – indice général

2 – indice précis

3 – indice très précis

✓ Je transcris ma devinette en suivant mon plan.

RAISONNEMENT – Questions à répondre à l'aide des idées du texte.

☐ Dans le texte, l'auteure explique que la grenouille est un amphibien. Transcris la phrase qui explique ce qu'est un amphibien.

_____

☐ Encercle la bonne réponse.

a) La grenouille vit

dans un champ.

dans de petits cours d'eau.

dans la forêt.

b) L'hiver, la grenouille survit grâce

à ses réserves d'insectes.

aux petits poissons.

à ses réserves de graisse.

c) La couleur de la peau de la grenouille change selon

son humeur.

son environnement.

sa température.

d) Quand elle hiberne, la grenouille respire et boit par

sa bouche.

ses narines.

sa peau.

☐ Complète le tableau suivant en ajoutant des détails. Réfère-toi au texte.

langue	couleur	yeux	nourriture

☐ Encercle la bonne définition des mots en gras.

a) La grenouille a une longue langue épaisse, aplatie et **gluante**.
   (collante, glissante)

b) Sa peau est très importante **pour sa survie**.
   (pour l'aider à se cacher, pour rester en vie)

c) La grenouille respire et boit par sa peau quand elle **hiberne**.
   (passe l'hiver en état de vie ralentie, plonge sous l'eau)

d) La couleur de sa peau change selon son **environnement**.
   (sa température, son milieu)

COMMUNICATION – Questions à répondre à l'aide des idées du texte et des connaissances et expériences personnelles.

☐ On dit que la grenouille mange des insectes. Selon toi, quels insectes, la grenouille peut-elle manger?

_____

_____

_____

Explique pourquoi tu as choisis ces insectes.

☐ La grenouille appartient à la famille des amphibiens. Nomme un autre amphibien et explique pourquoi c'est un amphibien.

_____

_____

_____

☐ Nomme un autre animal qui hiberne comme la grenouille : _____.
Illustre cet animal.

Comment cet animal survit-il durant l'hiver? Raconte.

_____

_____

ORGANISATION DES IDÉES – Questions pour montrer la compréhension de l'organisation du texte.

☐ Encercle la bonne réponse et explique ton choix.

Le texte *La grenouille* est

– un aide-mémoire

– une fiche descriptive

– un journal personnel

parce que _____

_____.

☐ Le texte présente les caractéristiques de la grenouille. Énumère les sous-titres sous lesquels ces caractéristiques sont données.

_____   _____

_____   _____

☐ Pense à une autre catégorie de renseignements que l'on pourrait ajouter à la fiche descriptive de la grenouille. Quel sous-titre donnerais-tu à cette catégorie de renseignements? _____

Pourquoi?_____

_____

☐ Voici quelques phrases se rapportant à la fiche descriptive de la grenouille. Découpe les phrases et place-les aux bons endroits.

Classification :	
Apparence :	
Nourriture :	
Adaptation :	

✂ -

La grenouille fait des réserves pour l'hiver. Elle hiberne. Elle vit dans l'eau.

La grenouille est de couleur verte, brune ou jaunâtre. Ses yeux sont sur le dessus de sa tête.

La grenouille vit dans l'eau et sur la terre. Elle fait partie de la famille des amphibiens.

La grenouille aime manger des insectes.

☐ Complète les phrases en mettant les noms et les verbes au pluriel.

a) La grenouille mange un insecte.

Les grenouilles _____ des _____ .

b) La grenouille est un amphibien.

Les grenouilles _____ des _____ .

c) Elle mange une mouche.

Elles mangent _____ _____ .

d) La grenouille respire par la peau.

Les _____ _____ par la peau.

e) J'aime bien la grenouille.

Nous _____ bien _____ _____ .

☐ Lis le texte placé sous le sous-titre *Apparence ou caractéristiques physiques*. Trouve deux noms, un verbe et un adjectif ayant un son **an**. Complète le tableau à l'aide de ces mots et encercle le son **an** dans chacun (p. ex., Appar**en**ce).

Apparence ou caractéristiques physiques	
nom	nom
adjectif	verbe

☐ Fais comme si tu étais la grenouille. Fais ta propre description. Invente trois belles phrases en utilisant les verbes *être* ou *avoir* dans tes phrases (p. ex., J'ai les yeux sur le dessus de la tête.).

1. _____

_____

2. _____

_____

3. _____

_____

ÉCRITURE (tâches ouvertes)

☐ Pense à un animal que tu aimes bien. Fais une recherche et écris toutes les informations que tu connais sur ton animal. Sers-toi du modèle de la fiche descriptive de la grenouille.

☐ En te promenant, tu rencontres un animal très étrange. Tu n'as jamais entendu parler de cet animal. Invente une description bizarre de cet animal. Écris les informations dans une fiche descriptive et accompagne la fiche d'un dessin. Présente ton animal à tes camarades de classe pour les faire rigoler un peu.

☐ Avec un ou une partenaire, rédige un ou deux slogans afin d'attirer l'attention des gens sur la nécessité de protéger l'habitat des grenouilles.

☐ Imagine une famille de grenouilles. Fais l'arbre généalogique de cette famille.

☐ Dessine une grenouille et nomme les parties de son corps. Accompagne chaque nom d'un adjectif (p. ex., des gros yeux).

des gros yeux

☐ Trouve une belle illustration d'une grenouille ou d'un autre animal de ton choix. Imagine une aventure fantaisiste et présente l'animal à tes camarades. Invente un titre. Raconte où et quand se passe l'aventure. N'oublie pas d'ajouter une fin à ton récit fictif.

☐ Invente une devinette au sujet d'un animal. Présente-la aux élèves de la classe. Choisis des mots de vocabulaire bien imagés et assure-toi de bien articuler.

☐ Lis au sujet d'un animal et enregistre tes découvertes sur cassette audio. Place la cassette audio au centre d'écoute.

☐ On dit que la couleur de la peau de la grenouille change selon son environnement. Prends une boîte à souliers vide. Colorie l'intérieur d'une couleur se rapportant à l'environnement de la grenouille. Dessines-y des éléments pour recréer son milieu. Finalement, n'oublie pas d'y ajouter ta grenouille. Explique ton choix d'environnement à tes camarades.

☐ Invite des camarades de classe à participer à la pêche aux grenouilles.

1. Dessine des grenouilles sur du carton et découpe-les.

2. Écris un verbe au dos de chaque grenouille et colles-y un aimant.

3. Fabrique-toi une canne à pêche à l'aide d'un petit bâton, d'une corde et d'un objet de métal qui servira d'hameçon.

4. Invite tes camarades à pêcher une grenouille, à tour de rôle.

5. Demande à tes camarades de composer une belle phrase avec le verbe écrit au dos de la grenouille.

> Verbes : manger, plonger, attraper, avaler, sauter, voler, se cacher, pêcher, regarder

☐ Illustre le cycle de vie de la grenouille à l'aide de schémas. Présente ton travail à la classe.

L'ours blanc
Page 71

RAISONNEMENT – Questions à répondre à l'aide des idées du texte.

☐ Où habite l'ours blanc?

_____

☐ Pourquoi peut-on dire que l'ours blanc est omnivore?

_____

☐ Nomme trois caractéristiques de l'ours blanc.

_____

_____

_____

☐ Énumère tous les animaux mentionnés dans cette fiche.

_____

☐ Jusqu'à quelle vitesse l'ours blanc peut-il courir?

_____

☐ Écris le mot qui correspond à la bonne réponse.

a) Ses pattes ont cinq orteils et de longues _____.
(griffes, pinces, aiguilles)

b) Il mange beaucoup de poissons, du phoque, du morse et
_____.
(du caribou, du chevreuil, des pingouins)

c) Il habite dans _____ creusée sous la neige.
(une cabane, un igloo, une tanière)

d) Ses yeux n'ont pas de _____.
(sourcils, cils, paupières)

e) Sa queue est très _____.
(courbée, courte, longue)

☐ Écris les principales informations sur la fiche de l'ours blanc.

Famille : _____

Description physique (couleurs) :

    fourrure   _____

    nez   _____

    yeux   _____

Nourriture : _____

_____

Endroits où on trouve l'ours blanc :

_____ _____ _____

_____

Particularités :

    ouïe   _____

    vue   _____

    odorat   _____

    autres   _____

_____

COMMUNICATION – Questions à répondre à l'aide des idées du texte et des connaissances et expériences personnelles.

☐ Trouve la définition du mot mammifère. Ensuite nomme d'autres mammifères.

Définition : _____

_____

Mammifères : _____

_____

☐ Qu'est-ce que tu as trouvé le plus intéressant en lisant la fiche de l'ours? Note deux informations que tu as apprises. Explique tes choix.

_____

_____

_____

_____

☐ Écris une question que tu te poses au sujet de l'ours blanc.

_____

_____

ORGANISATION DES IDÉES – Questions pour montrer la compréhension de l'organisation du texte.

☐ Où l'information se trouve-t-elle dans le texte? Numérote de 1 à 5 selon l'ordre du texte.

L'ours est

_____ un excellent nageur.

_____ omnivore.

_____ capable de vivre entre 20 et 30 ans.

_____ mesure plus de 2 mètres.

_____ un mammifère.

☐ Donne un titre à chaque paragraphe de la fiche descriptive.

L'ours blanc
paragraphe 1 – Titre :
paragraphe 2 – Titre :
paragraphe 3 – Titre :
paragraphe 4 – Titre :
paragraphe 5 – Titre :
paragraphe 6 – Titre :

RESPECT DES CONVENTIONS LINGUISTIQUES – Questions pour montrer la compréhension des conventions linguistiques apprises.

☐ Choisis trois caractéristiques de l'ours blanc et formule une question au sujet de chaque caractéristique. Débute chaque question par «Est-ce que...»,
p. ex., Est-ce que l'ours blanc est un bon nageur?

1. _____

_____

2. _____

_____

3. _____

_____

☐ Encercle les adjectifs. Relie par une flèche l'adjectif au nom auquel il se rapporte (p. ex., C'est un (excellent) nageur.)

a) Les oreilles de l'ours sont petites et rondes.

b) Le museau de cet ours est noir.

c) Sa fourrure blanche est très épaisse.

d) Ses yeux bruns n'ont pas de cils.

e) Sa queue est très courte.

☐ Mets les phrases au pluriel :

a) L'ours blanc est un mammifère.

_____

b) L'ours habite une tanière.

_____

c) C'est un excellent nageur.

_____

d) L'être humain est l'ennemi de l'ours.

_____

☐ Complète les mots à l'aide des sons ci-dessous et tu pourras lire le message.

au – eau – aud – eau – en

J'adore l'ours polaire. Il a un b_____ mus_____ noir. Sa fourrure semble si douce. Je pense que je serais bien _____ ch_____ _____tre ses bras.

☐ Sur une carte fournie par ton enseignant ou ton enseignante, colorie les zones où habite l'ours blanc. Ensuite, écris les noms de ces lieux sur la carte.

☐ Collectionne des photos ou des illustrations d'animaux avec les membres de ton équipe. Ensemble, fabriquez un petit livre pour la classe en inscrivant sous la photo ou l'illustration, le nom de tous les animaux que vous avez trouvés. Placez-les dans le recueil dans l'ordre alphabétique.

☐ Dessine ton animal préféré. Explique au verso de ta feuille comment on peut en prendre soin et le protéger.

☐ Dresse une liste de toutes les unités de mesure qui se trouvent dans le texte. (p. ex., mètres)

☐ Résous les problèmes suivants :

– Mon grand-père a 92 ans et l'ours blanc du zoo a 29 ans. Qui est le plus vieux, mon grand-père ou l'ours blanc? Et de combien d'années?

– Si l'ours blanc peut courir 50 kilomètres en une heure, combien de kilomètres peut-il parcourir en deux heures?

COMMUNICATION ORALE (tâches ouvertes)

☐ Sur un mur de la classe, indique la hauteur de l'ours blanc. Ensuite, mesure-toi et compare ta hauteur à celle de l'ours blanc.

☐ Peux-tu imiter le cri de certains animaux? Vas-y. Enregistre ces cris sur une cassette. Demande à tes camarades de deviner à quel animal appartient chaque cri.

☐ Enseigne aux élèves de ton équipe une chanson qui parle d'animaux (p. ex., *Trois petits minous*, *Sur la ferme à Mathurin*).

☐ Fais la lecture d'un livre qui raconte l'aventure d'un animal. Présente ton livre aux élèves de la classe. Résume l'histoire. Montre et décris les illustrations du livre à tes camarades.

☐ En équipe, effectue le problème suivant. Utilise un pèse-personne pour trouver le poids de chaque élève de l'équipe. Écris le poids en kilogrammes au tableau. Dessine un diagramme à bandes pour présenter ces données. Discute ensuite avec les élèves de l'équipe pour vérifier si l'ours est plus léger ou plus lourd que tous les élèves ensemble.

RAISONNEMENT – Questions à répondre à l'aide des idées du texte.

☐ Écris la bonne réponse.

a) Le castor appartient à la classe des _____ .

(reptiles, amphibiens, mammifères)

b) Le castor peut vivre jusqu'à _____ ans.

(12, 20, 30)

☐ Réponds aux questions à partir du texte.

a) Qu'est-ce que les dents du castor ont de particulier?

_____

b) Pourquoi doit-il ronger du bois?

_____

c) Comment se nomme l'habitation du castor?

_____

☐ Réponds par **Vrai** ou **Faux**.

a) Le castor mange des arbustes. _____

b) On le trouve sur les pièces de monnaie de dix sous. _____

c) Il peut couper plus de 200 arbres par an. _____

d) Il frappe la surface de l'eau avec ses longues pattes arrière. _____

e) Le mot emblème veut dire symbole. _____

☐ Illustre un des ennemis du castor.

[   ]

☐ On dit que le castor construit des barrages. Selon toi, pourquoi construit-il des barrages? Explique ta réponse.

_____

_____

☐ Raconte à tes camarades ce que tu sais au sujet de la hutte des castors (matériaux et méthode de construction, utilités de la hutte, etc.).

☐ Certaines personnes pensent que le castor est un animal nuisible. Partages-tu cette opinion? Explique ta réponse.

_____

_____

☐ Écris une raison pourquoi, selon toi, on a choisi le castor comme emblème du Canada. _____

☐ Remets ces phrases en ordre selon le texte. Écris les chiffres de 1 à 5. Attention, il y a une phrase qui n'appartient pas au texte. Place un X à côté de cette phrase.

_____ Il vit de 12 à 20 ans.

_____ On le retrouve sur les pièces de vingt-cinq cents.

_____ L'être humain, le loup et le lynx sont ses ennemis.

_____ Ses pattes de derrière sont palmées.

_____ Le castor construit des barrages très résistants.

_____ C'est le plus gros rongeur de l'Amérique du Nord.

☐ Examine la présentation de la fiche sur le castor. Énumère les titres sous lesquels les informations sont données.

_____

_____

RESPECT DES CONVENTIONS LINGUISTIQUES – Questions pour montrer la compréhension des conventions linguistiques apprises.

☐ Remets les mots de ces phrases en ordre. N'oublie pas la majuscule et le point.

a) dents ses garder bois pour aiguisées il ronger doit du

_____

b) du emblème l' le est castor Canada

_____

c) Nord vit partout Amérique en il du

_____

☐ Souligne les noms.

a) Il construit des barrages.

b) Il coupe 210 arbres.

c) Il vit dans une hutte.

d) Il mange de l'herbe, du feuillage, de l'écorce et des arbustes.

e) Le castor est le plus gros rongeur.

☐ Trouve dans le texte un mot pour chacun des sons suivants :

ère : _____

ette : _____

eur : _____

ou : _____

or : _____

an : _____

eu : _____

☐ Accorde l'adjectif avec le nom auquel il se rapporte.

a) Sa fourrure est brun____ .

b) Ses griffes sont fin____ .

c) Ses pattes sont palmé____ .

d) Il construit des barrages résistant____ .

ÉCRITURE (tâches ouvertes)

☐ En petit groupe, faites une fiche descriptive sur un animal de votre choix. Utilisez le modèle de la fiche descriptive du castor. Présentez vos renseignements aux autres groupes.

☐ Choisis un animal canadien. Fais une recherche dans Internet ou dans des livres afin de trouver plusieurs renseignements sur cet animal. Note les caractéristiques de cet animal.

☐ Rédige une petite histoire racontant l'aventure d'un castor. Donne un nom à ton castor et un titre à ton récit. Accompagne ton histoire d'une belle illustration.

Titre : _____

☐ Construis un mobile pour représenter cette fiche descriptive du castor. Explique ton mobile à tes camarades.

☐ Fais une affiche pour faire connaître un symbole de l'Ontario (le trille, le huard, etc.) ou un symbole canadien (la feuille d'érable, le castor, etc.). Présente ton affiche à tes camarades.

☐ En équipe, fabriquez une murale à partir des caractéristiques de la fiche sur le castor. Assurez-vous de représenter au moins un élément de chacun des titres. Présentez votre murale au groupe-classe.

Fiche de planification du dossier d'écriture

Je prépare la rédaction d'une fiche descriptive d'un animal.

Animal choisi : _____

Titres des livres consultés :

1. _____

2. _____

3. _____

Catégories :

Classe _____

Aspect physique _____

Habitat _____

Nourriture _____

Ennemis _____

Comportement _____

_____

Autre _____

J'écris les mots clés.

_____

_____

✓ Je rédige ma fiche descriptive à l'aide des mots clés.

✓ Je rédige ma fiche sous forme

☐ de paragraphes.

☐ de phrases regroupées en catégorie.

RAISONNEMENT – Questions à répondre à l'aide des idées du texte.

☐ Réponds aux questions à l'aide du texte.

a) Quel est le but de cette invitation?

_____

b) Ajoute les prénoms manquants.

Qui envoie l'invitation? _____

Qui reçoit l'invitation? _____

c) Geneviève demande à son papa de la reconduire à la fête de Nikolas. Où le papa reconduira-t-il Geneviève? _____

_____

☐ Réponds aux consignes à l'aide des informations inscrites sur l'invitation pour l'anniversaire de Nikolas.

a) Écris le mois. Encercle sur la page de calendrier la date de la fête.

D	L	M	M	J	V	S
				1	2	3
4	5	6	7	8	9	10
12	12	13	14	15	16	17
18	19	20	21	22	23	24
25	26	27	28	29	30	

b) Sur le cadran numérique et sur l'horloge, indique l'heure à laquelle la fête débutera.

Sur le cadran numérique et sur l'horloge,i ndique l'heure à laquelle la fête se terminera.

La fête durera _____ heures.

☐ Si tes parents te permettaient de célébrer ton anniversaire dans un lieu public de ta communauté, quel endroit choisirais-tu?

Donne trois raisons pour ton choix.

Endroit choisi : _____

Raisons :   1. _____

2. _____

3. _____

☐ Observe l'invitation. Que veulent dire les lettres R. S. V. P.? Comment le sais-tu?

_____

_____

☐ Fais un remue-méninges avec les élèves de ton équipe. Ensemble, énumérez d'autres occasions ou événements pour lesquels vous pourriez envoyer des invitations.

Choisis dans votre liste les trois occasions qui te semblent les plus intéressantes. Explique tes choix à tes camarades.

Liste d'occasions :	Choix 1, 2, 3

☐ À quel endroit se déroulera la fête de Nikolas. Imagine ce que les enfants pourront faire à cet endroit.

_____

_____

_____

ORGANISATION DES IDÉES – Questions pour montrer la compréhension de l'organisation du texte.

☐ Choisis la bonne réponse. Encercle-la.

Dans une invitation, les informations sont présentées

a) sous forme de récit.

b) sous forme de paragraphes.

c) en quelques mots ou en phrases courtes.

☐ Écris **oui** ou **non**.

Dans une invitation, il faut mentionner

a) qui envoie l'invitation. _____

b) le nombre de personnes invitées. _____

c) l'âge de la personne qui envoie l'invitation. _____

d) l'endroit où aura lieu l'événement. _____

☐ Un virus s'est infiltré dans cette invitation! Les informations se sont toutes mélangées. Peux-tu remettre en place les informations? Découpe les étiquettes et place-les aux bons endroits.

Date :	
Heure :	
Endroit :	
R. S. V. P.	

✂

Étienne

chez moi, au 1034, rue Jeanne, Hawkesbury

le samedi 12 juillet

de 13 h à 15 h

avant le 8 juillet s.v.p. (612-7322)

Je t'invite à ma fête!

Bonjour Kathy,

RESPECT DES CONVENTIONS LINGUISTIQUES – Questions pour montrer la compréhension des conventions linguistiques apprises.

☐ Trouve cinq actions que l'on peut faire à une fête. Pour chaque action, trouve un verbe. Rédige une belle phrase pour chaque verbe (p. ex., À une fête, je mange du gâteau.)

1. _____

2. _____

3. _____

4. _____

5. _____

☐ Complète les phrases en ajoutant un adjectif avant ou après le nom.
p. ex., Pour ma fête, j'ai eu de **magnifiques** cadeaux. Mes amis étaient tous là.

a) Karine m'a offert un _____ collier fait avec des billes _____.

b) Cédric m'a offert une _____ boîte de légos.

c) Isabelle m'a donné un casse-tête _____.

d) Finalement, Amed m'a offert un livre_____.

☐ Caroline s'est couchée très tard hier soir. C'était sa fête! Aujourd'hui elle est fatiguée et très contrariée. Elle n'aime pas grand chose.

Fais comme Caroline. Pour chaque phrase, écris le contraire en utilisant **ne pas** ou **n'** _____ **pas**
(p. ex., J'aime le gâteau au chocolat. Je n'aime pas le gâteau au chocolat.)

a) J'aime les biscuits aux brisures de chocolat.

_____

b) Je veux aller me coucher.

_____

c)   Je suis fatiguée.

_____

d)   J'ai déballé tous mes cadeaux.

_____

e)   Nous avons mangé des croustilles à la fête.

_____

☐   Voici une invitation. Les mots se sont mélangés dans les phrases. Peux-tu les remettre en ordre? N'oublie pas la lettre majuscule et le point.

a)   à   ma   je   fête   t'invite

_____

b)   novembre   le   est   25   fête   ma

_____

c)   te   de   hâte   voir   j'ai

_____

d)   Musée   irons   au   nous   civilisations   des

_____

e)   bientôt   te   voir   j'espère

_____

f)   t'invite   mon   je   à   célébrer   anniversaire

_____

ÉCRITURE (tâches ouvertes)

☐ Fais semblant que ce sera ta fête dans deux semaines. Rédige une invitation et assure-toi que toutes les informations y sont. Sers-toi du modèle de l'invitation de Nikolas.

☐ Ce texte est une invitation à un anniversaire. Invente un autre genre d'invitation. Qu'est-ce que ça pourrait être? Sers-toi du modèle et décore ton invitation selon tes goûts.

☐ Imagine que tu prépares une fête chez toi pour célébrer ton anniversaire. Rédige un aide-mémoire avec un ou une camarade pour t'aider à te rappeler les choses à faire.

COMMUNICATION ORALE (tâches ouvertes)

☐ C'est la fête de ton animal domestique préféré. Organise une fête pour lui. Raconte quels autres animaux tu vas inviter, ce que tu as organisé pour eux et ce que tu vas leur servir pour le goûter.

☐ Fais cette activité avec un ou une camarade. Après avoir lu l'invitation de Nikolas, fais comme si tu étais l'une des personnes invitées. Téléphone à ton ami Nikolas. Que vas-tu lui dire?

☐ Raconte à la classe ton dernier anniversaire.

- – Où étais-tu?

- – Avec qui étais-tu?

- – Quelles activités as-tu faites?

- – Quel a été le moment le plus beau de ta journée?

- – Etc.

Un spectacle
Page 75

RAISONNEMENT — Questions à répondre à l'aide des idées du texte.

☐ Quel mot du texte veut dire

des plaisirs inattendus? _____

un concert? _____

participer? _____

☐ Fais un choix et encercle-le.

a) Le spectacle durera   une heure.   60 minutes.   90 minutes.

b) Selon le calendrier, le spectacle aura lieu,

le 12ᵉ mois de l'année.   le 6ᵉ mois de l'année.   le 8ᵉ mois de l'année.

c) L'invitation est envoyée par les élèves

de 1ʳᵉ année.   de 3ᵉ année.   de 2ᵉ année.

d) Le spectacle aura lieu le   le 25 juin.   le 23 juin.   le 21 juin.

e) L'invitation est envoyée

aux élèves   aux enseignants   aux parents.

COMMUNICATION — Questions à répondre à l'aide des idées du texte et des connaissances et expériences personnelles.

☐ Si tu devais faire partie du spectacle, qu'est-ce que tu aimerais le plus faire? le moins faire? Explique tes choix à un ou une camarade.

☐ Comment te sens-tu lorsque tu fais partie d'un spectacle. Dessine ton visage et explique tes sentiments à tes camarades.

Je me sens

_____

_____

_____

_____

_____

☐ Dans le spectacle de la classe de 2ᵉ année, il y aura de la musique, des chants et des surprises. En équipe, trouve un numéro pour chacune de ces catégories.

musique	chant	surprise

Choisissez le meilleur numéro et présentez-le au groupe-classe.

ORGANISATION DES IDÉES – Questions pour montrer la compréhension de l'organisation du texte.

☐ Jean est en 2ᵉ année. Il remet à ses parents l'invitation au spectacle. Les parents de Jean notent les principales informations sur leur calendrier afin de ne pas oublier l'événement.

a) Encercle la case du calendrier où les parents ont écrit les informations.

Juin 2001

D	L	M	M	J	V	S
					1	2
3	4	5	6	7	8	9
10	11	12	13	14	15	16
17	18	19	20	21	22	23
24	25	26	27	28	29	30

b) Note dans la case ce que les parents ont écrit.

☐ Observe bien l'invitation. Quelles informations sont manquantes? Ajoute-les. Ces informations sont-elles importantes? Pourquoi?

_____

_____

_____

_____

_____

_____

_____

_____

_____

_____

> Chers parents,
>
> Nous vous invitons à assister à notre spectacle de fin d'année.
>
> Il y aura de la musique, des chants et des surprises.
>
> Date :
>
> Heure :
>
> Endroit : école Jeunes avenirs
>
> Nous espérons que vous viendrez voir notre spectacle.
>
> Les élèves de 2ᵉ année

RESPECT DES CONVENTIONS LINGUISTIQUES – Questions pour montrer la compréhension des conventions linguistiques apprises.

☐ Coupe les mots en syllabes (p.ex., pa-pa).

invitons _____

spectacle _____

musique _____

chants _____

surprises _____

espérons _____

☐ Trouve dans le texte deux mots qui ont le son **i** : _____

_____ .

☐ Complète les phrases avec le mot qui convient.

ensuite	d'abord	alors	puis

a) Il y aura _____ de la musique _____ un numéro surprise.

b) Les élèves présenteront leur spectacle _____ un goûter sera servi.

c) Nous avons préparé un beau spectacle, _____ nous espérons que vous viendrez en grand nombre.

☐ Choisis **un**, **une** ou **des**.

_____ spectacle   _____ surprise

_____ chant   _____ musique

_____ école   _____ chants

ÉCRITURE (tâches ouvertes)

☐ En équipe, préparez une invitation fictive ou réelle pour un événement (concert, festival, foire, etc.) qui aura lieu dans votre communauté. Présentez votre invitation sous la forme d'une affiche que vous illustrerez avec soin.

☐ Avec un ou une partenaire, rédige une carte d'invitation pour une activité de ton choix (foire scientifique, vente de livres, exposition en arts plastiques, spectacle, etc.) qui aura lieu dans ton école. Choisis tes destinataires : direction d'école, élèves d'une autre classe, parents, etc. Décore ta carte avec une illustration qui convient.

☐ En groupe-classe, rédigez une lettre aux parents pour les remercier d'avoir assisté en si grand nombre au spectacle.

COMMUNICATION ORALE (tâches ouvertes)

☐ En équipe, préparez un numéro de spectacle. Présentez-le au groupe-classe.

☐ Lance une invitation à l'interphone de l'école pour inviter les élèves à participer à une activité (concert, période de lecture, foire scientifique, etc.).

☐ Enregistre sur cassette audio une chanson que tu feras entendre à tes camarades ou à tes parents.

Vente de livres
Page 76

RAISONNEMENT – Questions à répondre à l'aide des idées du texte.

☐ Quel est le but de l'invitation?

_____

☐ Coche (✓) la bonne réponse.

   a) L'expression «payés comptant» veut dire :

   Tous les livres doivent être

   ☐ payés immédiatement avec de l'argent.

   ☐ achetés avec une carte de crédit.

   ☐ payés plus tard.

   b) «Les profits de cette vente...» veut dire :

   ☐ La somme d'argent amassée...

   ☐ Les progrès...

   ☐ Les dépenses...

☐ Est-ce que la vente de livres est une activité ouverte aux gens de la communauté? Comment le sais-tu?

_____

_____

☐ Transcris la phrase qui suggère que les élèves veulent beaucoup de personnes à leur vente.

_____

_____

COMMUNICATION – Questions à répondre à l'aide des idées du texte et des connaissances et expériences personnelles.

☐ Selon toi, pourquoi a-t-on choisi de faire la vente de livres à la bibliothèque plutôt que dans la classe de madame Johanne?

_____

_____

☐ Raconte un événement que tu as vécu et qui te fait penser à cette invitation.

Choses pareilles	**Choses différentes**
_____	_____
_____	_____
_____	_____

☐ Selon toi, est-ce qu'une vente de livres est une bonne activité pour amasser de l'argent? Explique ta réponse.

_____

_____

☐ Quel autre type de vente les élèves auraient-ils pu organiser? Imagine cette vente et prépare une carte d'invitation. Remplis ta carte avec des mots de ton choix.

Vente de _____

Quand : _____

Où : _____

Pour qui : _____

Nous espérons vous voir à notre vente!

Illustre ta carte afin d'attirer les gens à la vente.

☐ Pourquoi certains mots sont-ils écrits plus gros et présentés en caractères gras?

_____

_____

☐ Apporte des exemples de cartes d'invitation en classe. Ensuite, vérifie avec les élèves de ton équipe si les invitations ont tous les renseignements nécessaires. Pour chacune des cartes d'invitation, complète une fiche sur le modèle de la fiche suivante :

Coche (✓) si les éléments ci-dessous sont présents :

Occasion : ☐   Endroit :   ☐

Date :   ☐

Heure :   ☐   Qui envoie
                                   l'invitation :   ☐

Demande de réponse : ☐   _____ :   ☐

☐ Complète les invitations en ajoutant les mots manquants.

Endroit	Heure	Où	Quand

a)

C'est ma fête!

_____ : le 22 octobre

_____ : Chez moi – au 44, avenue du Lac

_____ : de 13 h à 15 h

Téléphone-moi si tu peux venir. (740-8622)

b)

Je t'invite à mon spectacle de patinage artistique.

_____ : vendredi soir

_____ : Aréna des deux glaces

_____ : Mon père viendra te chercher à 18 h.

c) | Des belles vacances en perspective!

_____ : du 10 au 12 août

_____ : à notre chalet au lac des Truites

Demande la permission à tes parents.

RESPECT DES CONVENTIONS LINGUISTIQUES – Questions pour montrer la compréhension des conventions linguistiques apprises.

☐ Trouve dans l'invitation un mot qui a les sons suivants :

in : _____

ou : _____

en : _____

eau : _____

oi : _____

on : _____

☐ Dans la phrase : «Tous les livres doivent être payés comptant.», pourquoi y a-t-il un **s** à la fin du mot livres?

Il y a un **s** au mot livres parce que

_____

_____

☐ Encercle en rouge les mots qui ont plus de trois syllabes.

livre	activité	spéciale
profit	mardi	madame
bibliothèque	année	encourager

☐ Remets ces deux phrases en ordre :

a) madame   de   classe   invitent!   les   la   de
   vous   élèves   Johanne

_____

b) livres   tous   comptant   être   les   doivent   payés

_____

☐ Complète avec des mots que tu trouves dans le texte *Vente de livres*.

le_____   une _____

la_____   les _____

l' _____

ÉCRITURE (tâches ouvertes)

☐ Rédige une invitation pour inviter un ou une camarade à jouer avec toi lors de la récréation.

☐ Ta classe veut faire une vente de tablettes de chocolat pour amasser des fonds pour un voyage. Vous voulez vendre les tablettes aux autres élèves, aux parents… En suivant le modèle de l'invitation *Vente de livres*, faites en équipe de trois, une grande affiche et une feuille d'invitation pour inviter les personnes à acheter vos tablettes de chocolat.

☐ Rédige avec ta classe l'invitation pour la Semaine de l'éducation. Donne les détails du programme des activités à ton école.

☐ Écris le titre d'un bon livre que tu as lu : _____

Donne deux raisons pour inciter les élèves à lire ce livre.

Je recommande la lecture de ce livre parce que

1. _____

2. _____

☐ En équipe, faites l'inventaire des types de livres (bande dessinée, livre audio, livre jeunesse, recueil de poèmes et comptines, etc.) lus par les élèves de l'équipe au cours des deux dernières semaines. Inscrivez vos données sur un diagramme à bandes. Quels sont les résultats?

Type de livres le plus lu : _____   Nombre : _____

Type de livres le moins lu : _____   Nombre : _____

COMMUNICATION ORALE (tâches ouvertes)

☐ En équipe, composez une chanson pour faire la promotion de l'invitation de la vente de livres de la classe de madame Johanne.

☐ Utilisez une bande vidéo pour filmer votre équipe en train d'interpréter sa chanson. Assurez-vous que chaque élève de l'équipe a une bonne intonation, articulation et expression corporelle.

☐ Fais les courses ou le magasinage avec tes parents. Discute avec eux des ventes dans les magasins. Tu peux même faire des calculs avec eux. Raconte ta sortie aux élèves du groupe-classe.

☐ Présente un livre de ton choix aux élèves de la classe. Utilise la jaquette du livre pour donner un aperçu de ce livre : nom de l'auteur ou de l'auteure, maison d'édition, résumé de l'histoire, etc.

Fiche de planification du dossier d'écriture

Je prépare la rédaction d'une invitation.

Je note toutes les informations importantes à écrire sur mon invitation.

Occasion (but)
de l'invitation : _____

Quand? Date : _____

Heure : de _____ à _____
              (arrivée)   (départ)

Où? Endroit : _____

_____
              (adresse)

Réponse avant le _____
                         (date)

☐ par téléphone : _____

☐ par courriel : _____
                              (adresse)

Autre(s) détail(s) important(s) : _____

_____

Personne qui invite : _____

✓ Je rédige mon invitation à l'aide de mes notes.

RAISONNEMENT – Questions à répondre à l'aide des idées du texte.

☐ Réponds aux questions à l'aide du texte.

a) Qui est l'auteure du livre? _____

b) Que va-t-on découvrir en lisant ce livre?

_____

_____

☐ Que veut dire le mot *suppléant* dans la phrase «Le quatrième *suppléant* a claqué la porte.» Encercle la bonne réponse.

a) visiteur

b) personnage absent

c) personne qui remplace.

☐ Remplace l'expression en italique par une expression de ton choix qui exprime la même idée.

a) Le quatrième suppléant *a claqué la porte.*

Le quatrième suppléant _____

b) *le calme règne à nouveau*

_____

c) la tortue *espiègle*

la tortue _____

☐ Dresse la liste des animaux mentionnés dans le résumé du livre.

_____   _____

_____   _____

_____   _____

Quel animal de cette liste n'apparaît pas dans l'illustration? _____

Quel animal se trouve dans l'illustration mais n'est pas mentionné dans le résumé du livre? _____

COMMUNICATION – Questions à répondre à l'aide des idées du texte et des connaissances et expériences personnelles.

☐ Regarde attentivement l'illustration et relis le résumé.

Explique ce que fait chaque animal pour mériter un tel nom.

Le singe **artiste** _____

La girafe **endormie** _____

Le papillon **agité** _____

Le kangourou **désobéissant** _____

La tortue **espiègle** _____

☐ Est-ce que tu aimerais être dans cette classe de 2ᵉ année?
Donne deux raisons.

_____

_____

☐ Le livre présenté ici raconte une histoire   ☐ réelle.

☐ fictive.

Explique ta réponse :

C'est une histoire _____ parce que _____

_____ .

☐ En voyant la jaquette de ce livre, as-tu le goût de lire cette collection?
Pourquoi?

_____

_____

_____

☐ *L'école des animaux* fait partie de la collection Les animaux en folie. Ajoute
un autre titre à la collection.

Voici mon nouveau titre : _____

J'ai choisi ce titre parce que _____

ORGANISATION DES IDÉES – Questions pour montrer la compréhension de l'organisation du texte.

☐ Observe attentivement la jaquette du livre *L'école des animaux* et réponds aux questions.

Coche (✓) pour montrer où se trouve chaque information sur la jaquette.

ex., titre

✓

a) Quel est le nom de la maison d'édition qui a publié ce livre?

_____

b) Quel est le nom de la collection dont ce livre fait partie?

_____

c) Donne le titre d'un autre livre dans la même collection.

_____

d) Quelle information apparaît à deux endroits sur la jaquette?

_____

☐ Qu'est-ce qu'on retrouve sur la jaquette d'un livre? Choisis parmi la liste ci-dessous.

Coche (✓) les caractéristiques qui sont bonnes.

☐ nombre de pages   ☐ nom de l'auteur ou de l'auteure

☐ court résumé de l'histoire   ☐ titre

☐ nom de la maison d'édition   ☐ illustration

☐ numéro de téléphone de l'auteur ou de l'auteure

☐ nom de la collection

☐ nombre d'heures pour écrire ce livre

RESPECT DES CONVENTIONS LINGUISTIQUES – Questions pour montrer la compréhension des conventions linguistiques apprises.

☐ Complète les phrases interrogatives à l'aide des mots suivants :

Qui	Est-ce que	Pourquoi

a) _____ le singe est un artiste?

b) _____ sera le nouvel enseignant?

c) _____ les animaux sont-ils aussi bruyants à l'école?

☐ Dresse une liste des adjectifs qui décrivent les animaux dans *L'école des animaux*.

_____   _____

_____   _____

_____   _____

☐ Mets les mots au féminin.

un élève désobéissant   une élève   _____

un animal amusant   une bête   _____

un enfant endormi   une enfant   _____

Quelle est la règle à suivre pour former le féminin dans ces cas?

On forme le féminin en _____

ÉCRITURE (tâches ouvertes)

☐ Trouve la réponse aux devinettes suivantes :

J'ai une peau rugueuse.	Je suis reconnu pour être intelligent.
J'ai quatre courtes pattes.	J'ai des mains.
Je me déplace lentement.	Je suis agile.
Qui suis-je?	Qui suis-je?
_____	_____

Je suis carnivore.

J'ai une belle crinière.

Je suis le roi de la jungle.

Qui suis-je?

_____

☐ Choisis deux autres animaux de l'histoire et compose deux devinettes que tu
poseras à tes camarades.

_____   _____

_____   _____

_____   _____

_____   _____

☐ En équipe, dressez une liste des animaux que vous connaissez. Fabriquez ensuite un petit livre d'animaux. Divisez les pages du recueil de la façon suivante : Animaux de la jungle, animaux de la forêt, animaux qui vivent dans l'eau, animaux qui vivent à la ferme, animaux qui vivent à la maison, etc.

Illustrez votre recueil ou collez-y des illustrations.

☐ Dessine un animal bizarre en utilisant les parties du corps de différents animaux. Trouve-lui un nom. Au dos de ton dessin, écris le nom de tous les animaux qui le composent.

☐ Qui va pouvoir remettre de l'ordre dans la classe afin que le calme règne à nouveau? Imagine la suite de l'histoire. Nomme l'animal de ton choix :

_____

Que fera-t-il pour remettre de l'ordre?

_____

_____

COMMUNICATION ORALE (tâches ouvertes)

☐ Choisis un animal et imite son cri. Ensuite, participe avec les élèves de ton équipe à un orchestre composé uniquement «d'animaux». Présentez votre concert à la classe. Assurez-vous que le tout compose une série de sons harmonieux.

☐ Apporte en classe un livre sur les animaux que tu as lu et aimé. En montrant la jaquette du livre raconte l'histoire aux élèves de la classe.

☐ Choisis deux animaux qui sont habituellement des ennemis. Avec un ou une camarade prépare une saynète et transforme ces ennemis en amis.

Le vélo de Julien a disparu
Page 78

RAISONNEMENT – Questions à répondre à l'aide des idées du texte.

☐ Encercle la bonne réponse.

L'auteur du livre est
a) Martin L'Artiste
b) Martin L'Écrivain
c) Martine L'Écrivaine

Le personnage de l'histoire se nomme
a) Julie
b) Julia
c) Julius
d) Julien

Le livre fait partie de la collection
a) Les belles histoires
b) Les plus belles histoires
c) Les plus longues histoires

Le garçon constate que son vélo a disparu
a) au dîner.
b) au moment de retourner à la maison.
c) à la récréation.

☐ Quelles sont les deux phrases qui ne vont pas avec le résumé de l'histoire que tu viens de lire? Fais un **x** à côté de celles-ci.

____ Julien a reçu un vélo pour son anniversaire.

____ Il obtient la permission d'apporter son vélo au magasin.

____ Il a hâte de le montrer à ses amis.

____ La cloche sonne.

____ C'est l'heure d'aller à la récréation.

____ Julien constate que son vélo a disparu.

☐ Relis la jaquette du livre.

Illustre les sentiments de Julien. Fais deux visages qui démontrent comment il se sent au début de l'histoire et par la suite.

COMMUNICATION – Questions à répondre à l'aide des idées du texte et des connaissances et expériences personnelles.

☐ T'es-t-il déjà arrivé de te faire prendre quelque chose? Dessine ce que l'on t'a pris et explique comment tu te sentais.

Je me sentais _____

_____

_____

128

☐ Sur la jaquette de ce livre, on te raconte seulement le début de l'histoire. Sais-tu pourquoi? Donne une raison qui pourrait expliquer pourquoi la fin n'est pas donnée.

_____

_____

☐ Imagine la fin de cette histoire.

_____

_____

_____

_____

☐ Julien n'a plus son vélo. Peut-être a-t-il été imprudent. Qu'est-ce qu'il ne faut jamais oublier de faire lorsqu'on range sa bicyclette ailleurs qu'à la maison? Nomme deux choses importantes à faire.

_____

_____

☐ Offrirais-tu ce livre à tes camarades de classe? Donne deux raisons.

_____

_____

ORGANISATION DES IDÉES – Questions pour montrer la compréhension de l'organisation du texte.

☐ Trouve un autre titre pour l'histoire tout en gardant le même thème. Écris le titre sur la couverture. N'oublie pas de l'écrire aussi sur le dos du livre.

Julien a reçu un vélo pour son anniversaire.

Il obtient la permission d'apporter son vélo à l'école.

Il a hâte de le montrer à ses amis.

La cloche sonne.

C'est l'heure de retourner à la maison.

Julien constate que son vélo a disparu…

Collection : Les plus belles histoires

Observe la jaquette du livre ci-dessus. Quels sont les éléments autres que le titre, qui ont disparu de la jaquette du livre? Écris les éléments manquants.

_____

_____

☐ Imagine que l'on te demande d'illustrer la jaquette du livre. Réalise un dessin qui pourrait bien représenter ce qui se passe dans l'histoire.

RESPECT DES CONVENTIONS LINGUISTIQUES – Questions pour montrer la compréhension des conventions linguistiques apprises.

☐ Trouve les verbes qui vont dans chaque phrase.

a	laisse	cherchent	sonne	pleure

a) Maman _____ Julien apporter sa bicyclette à l'école.

b) La cloche _____ .

c) Julien _____ . Il a perdu sa bicyclette.

d) Pauvre Julien! Il _____ de la peine.

e) Les amis _____ la bicyclette de Julien.

☐ Choisis le bon adjectif et écris-le dans la phrase.

a) Julien a reçu un vélo. Il est _____ .
(contente, contentes, content, contents)

b) Son vélo est _____
(superbe, superbes).

c) Julien est _____ d'avoir un vélo.
(fière, fières, fier, fiers)

Compose une phrase qui renferme un adjectif. Accorde l'adjectif avec le nom. _____

☐ Choisis la bonne ponctuation : le point d'interrogation ou le point. Écris-le à la fin de phrase.

a) Je n'ai pas vu ta bicyclette

b) Est-ce que tu as mis un cadenas à ton vélo

c) De quelle couleur est ton casque de protection

d) Peux-tu m'aider à laver mon vélo

e) J'ai demandé à maman la permission d'apporter mon vélo à l'école

f) Julien a beaucoup de peine

☐ Des mots appartenant à la langue anglaise se sont glissés dans les phrases. Remplace-les par les bons mots français.

vélo	freins	une crevaison	pneus

a) Ma bicyclette a *un flat*. _____

b) J'ai mis les *brakes* _____ à toute vitesse.

c) Les *tires* _____ de mon *bicycle* _____ sont dégonflés.

ÉCRITURE (tâches ouvertes)

☐ Fais un dessin de ton vélo. N'oublie pas de mettre des détails. Autour de ton dessin, écris les parties de ton vélo.

Si tu ne te souviens pas comment écrire ou nommer certaines parties correctement, cherche les mots dans un dictionnaire visuel.

☐ Fais trois cases, un peu comme dans une bande dessinée. Dessine une illustration qui représente ce que l'on te raconte au début de l'histoire *Le vélo de Julien a disparu*. Dans la deuxième case, dessine ce qui se passe ensuite. Dans la troisième case, dessine la fin du livre telle que tu te l'imagines.

☐ Te voici l'auteur ou l'auteure d'un livre. Fabrique la jaquette de ton livre. Fais un beau dessin, écris le résumé de ton histoire et ajoute tous les autres éléments de la jaquette d'un livre. Expose ta jaquette lors d'un événement spécial à ton école : Semaine du livre, Semaine de l'éducation, etc.

COMMUNICATION ORALE (tâches ouvertes)

☐ Continue l'histoire! Invente une suite. Que va-t-il arriver à Julien? Que va-t-il dire à sa maman? Que va-t-elle faire? Présente cette suite aux élèves de ton équipe.

☐ Sans nommer le cadeau d'anniversaire que Julien a reçu, mime-le devant les élèves de ton équipe de sorte qu'elles et ils puissent deviner ce que c'est! Mimez ensuite d'autres moyens de transport à tour de rôle.

☐ Choisis un livre que tu aimes beaucoup, de la bibliothèque ou de la maison. Présente la jaquette de ce livre aux élèves de la classe. Décris la jaquette du livre et présente le résumé de l'histoire.

☐ En équipe, imaginez le scénario du livre *Le vélo de Julien a disparu*. Ensemble, préparez une saynète que vous présenterez au groupe-classe.

La cuisine du chef Mario
Page 79

RAISONNEMENT – Questions à répondre à l'aide des idées du texte.

☐ Réponds aux questions à l'aide du texte.

a) Combien y a-t-il de livres en tout dans la collection Mes loisirs? _____

b) Qui est Pascale Arpin? _____

c) Qui est Mario? _____

d) Quel est le nom de la maison d'édition? _____

☐ Remplis le tableau suivant :

nom du chef	sortes de plats	repas spécial (spécialité) du chef	dessert

☐ Observe l'illustration et trouve le nom

d'un fruit _____

d'un légume _____

d'une pièce de la maison _____

d'une céréale _____

☐ Décris le costume du chef Mario.

_____

_____

_____

☐ Dessine le super-gâteau-moutarde-fromage. Explique ton choix de couleurs. Dresse ensuite la liste d'épicerie des ingrédients nécessaires pour faire ce dessert.

	Liste d'épicerie

☐ Aimerais-tu lire ce livre? Pourquoi?

_____

_____

☐ Qui est le chef cuisinier chez toi? Quelle est sa spécialité? Est-ce bon? Raconte.

_____

_____

_____

_____

☐ Décris ton mets favori, à la maison et au restaurant.

maison : _____

_____

restaurant : _____

_____

☐ Imagine une nouvelle jaquette de livre. En te référant au modèle de la jaquette du livre *La cuisine du chef Mario* ajoute les éléments manquants pour *La cuisine du chef* _____ .

Entre dans la cuisine du chef _____ .
Tu y trouveras toutes sortes de plats amusants!
Tu découvriras _____
_____
_____

Dans la même collection :

• _____

• _____

Collection : _____

La cuisine du chef _____

La cuisine du chef _____

Maison d'édition : _____

☐ Mets un **✗** sur les phrases qui sont incorrectes.

____ Tu pourras voir la cuisine du chef Mario.

____ Tu découvriras une salade de pois.

____ Dans la collection Mes loisirs, il y a quatre autres livres.

____ L'escargot est dans l'illustration de la page de titre de la jaquette du livre.

☐ Écris **vrai** ou **faux**.

Une jaquette de livre est utile pour connaître

l'auteur ou l'auteure du livre   _____

l'âge de l'auteur ou de l'auteure   _____

la fin de l'histoire   _____

la maison d'édition   _____

l'adresse des magasins où l'on peut acheter le livre   _____

RESPECT DES CONVENTIONS LINGUISTIQUES – Questions pour montrer la compréhension des conventions linguistiques apprises.

☐ Les mots Mario, Pascale Arpin, Nathalie et Marwan commencent tous par une lettre majuscule. Explique pourquoi.

Ces mots commencent par une lettre majuscule _____

_____

_____

☐ Dans le groupe de mots la *salade de pissenlits et d'escargots*, pourquoi y a-t-il un **s** à la fin des mots *pissenlits* et *escargots*?

Il y a un **s** _____

_____

_____

☐ Sur la jaquette de livre, trouve

deux adjectifs   _____

                                    _____

deux verbes   _____

                                    _____

un nom au féminin singulier   _____

un nom au masculin pluriel   _____

137

ÉCRITURE (tâches ouvertes)

☐ Rédige une partie de l'histoire. Imagine un événement qui se déroule dans la cuisine du chef Mario.

☐ Rédige une jaquette de livre pour un livre de recettes.

☐ Fais une recherche sur l'escargot. Présente le résultat de ta recherche aux élèves de la classe sous la forme d'une fiche descriptive.

COMMUNICATION ORALE (tâches ouvertes)

☐ Présente une recette spéciale provenant de chez toi. Si possible, organise une dégustation de ce mets.

☐ Prépare une maquette de la cuisine de ta maison et présente-la au groupe-classe. Explique l'emplacement des divers appareils électroménagers en t'assurant que ton vocabulaire est juste.

☐ Dans la cuisine du chef Mario, il faut respecter des règles de sécurité. Pense à trois de ces règles de sécurité et présente-les aux membres de ton équipe. Explique pourquoi on devrait respecter ces règles.

Fiche de planification du dossier d'écriture

Je prépare la rédaction d'une jaquette de livre.

Je note tous les éléments importants.

Titre :	✓
Nom de l'auteur ou de l'auteure :	✓
Maison d'édition :	✓
Nom de la collection :	✓
Autres titres dans la collection :	✓
Court résumé :	✓
☐ J'illustre ma jaquette. Je réalise un croquis de mon illustration au dos de cette page.	✓
Ma jaquette de livre renferme aussi ☐ une photo de l'auteur ou de l'auteure ☐ une courte biographie de l'auteur ou de l'auteure ☐ _____	✓

✓ Je réalise ma jaquette de livre en suivant mon plan.

Que d'activités!
Pages 80 et 81

RAISONNEMENT – Questions à répondre à l'aide des idées du texte.

☐ En te référant au texte *Que d'activités!*, nomme le jour de la semaine où se passent les événements suivants :

J'ai vu Danièle au centre commercial. _____

Mes cours de natation commencent. _____

J'ai patiné sur le canal Rideau. _____

Je téléphone à Danièle. _____

☐ Fais un choix. Encercle la bonne réponse.

1. Je peux... a) prendre des cours de piano.

   b) inviter Martin à patiner avec moi.

   c) inviter Danièle à venir jouer chez moi.

2. Au canal Rideau, j'ai vu... a) des castors.

   b) des sculptures de glace.

   c) mon amie Danièle.

3. Ma mère est tombée sur la glace... a) deux fois moins que moi.

   b) quatre fois.

   c) deux fois plus que moi.

4. Mes patins sont... a) noirs.

   b) blancs.

   c) bleus.

☐ Trouve les réponses en te référant au texte.

Nomme

a) deux amis de la fillette _____ _____

b) un membre de la famille autre que les parents _____

c) un aliment _____

d) un métier _____

e) un sport _____

f) un mois de l'année _____

COMMUNICATION – Questions à répondre à l'aide des idées du texte et des connaissances et expériences personnelles.

☐ L'auteure du journal personnel raconte des activités de fin de semaine qu'elle a vécues ou qu'elle vivra. Énumère les activités de fin de semaine de l'auteure et donne leur date.

Date : _____

_____

_____

Date : _____

_____

_____

☐ Dessine ton activité préférée de fin de semaine. Explique ton choix à tes camarades d'équipe.

☐ Imagine un des jeux de Danièle et de son amie.

Danièle et son amie vont jouer à _____

Décris ce jeu aux élèves de ton équipe.

☐ Aimes-tu patiner?

Donne deux raisons pourquoi tu aimes ou n'aimes pas patiner.

1. _____

2. _____

☐ En te référant au texte, place les groupes de mots ci-dessous sous la bonne colonne.

    Le lundi 5 février 2001   une queue de castor

    Martin   j'ai patiné

    Le vendredi 9 février 2001   les sculptures de glace

    je suis allée au centre commercial

date	j'ai vu	j'ai fait	j'ai mangé

☐ Dessine les activités mentionnées dans le journal personnel du vendredi 9 février 2001. N'oublie pas de les mettre dans l'ordre chronologique.

☐ Ajoute, au besoin, des accents aux mots suivants :

j'ai hate	mercredi	tres
retourner	fevrier	je suis allee

☐ Quel son entends-tu dans les mots suivants?

Place les mots ci-dessous dans la bonne colonne selon le son entendu : **é** ou **è**.

février   semaine

jouer   prochaine

patiner   mère

é	è

☐ Écris correctement le verbe **patiner** au présent de l'indicatif.

a) Nous _____ en famille
   sur le canal Rideau.

b) Martin _____ bien.

c) Je _____ plus vite
   que ma mère.

☐ Forme des phrases à l'aide des mots ci-dessous. N'oublie pas les lettres majuscules et la bonne ponctuation.

a) nous   est-ce   samedi   irons   que   patiner

_____

b) plus   je   que   patine   ma   vite   mère

_____

c) cours   prendre   j'aimerais   de   piano   des

_____

ÉCRITURE (tâches ouvertes)

☐ Rédige un journal personnel à chaque vendredi, pendant un mois.

☐ Illustre pour chaque jour de la semaine une des activités que tu as réalisées. Écris une phrase explicative sous chaque activité.

☐ En équipe de quatre, faites un relevé de vos activités de loisirs au cours de la dernière semaine (p. ex., lecture, ordinateur, ballon, bicyclette, télévision, etc.). Inscrivez ces données dans un pictogramme. Pour chaque activité, écrivez ensuite le nombre d'élèves qui ont fait cette activité. Quels sont vos résultats? Quelle est l'activité de loisirs la plus populaire? la moins populaire?

COMMUNICATION ORALE (tâches ouvertes)

☐ Avec un ou une camarade, imite la fillette qui téléphone à son amie Danièle, pour l'inviter à jouer. Assure-toi d'utiliser les bonnes formules de présentation.

☐ Imagine une activité que tu aimerais faire a) individuellement ou b) avec ton meilleur ami ou ta meilleure amie ou c) avec ta famille. Présente cette activité et explique ton choix.

Cher journal!
Pages 82 et 83

RAISONNEMENT – Questions à répondre à l'aide des idées du texte.

☐ Réponds aux questions à partir du journal du 7 mai.

a) Qui est Moustache? _____

b) Pourquoi Moustache est-il sorti de sa cage?_____

_____

c) Où a-t-on cherché Moustache? _____

_____

_____

d) Où Moustache se cachait-il? _____

☐ D'après le journal du 8 mai, nomme deux endroits où l'auteur ira lors de la fête de Patrick. _____

_____

☐ L'auteur ne se sent pas bien lorsqu'il a un rhume. Cependant, il y trouve une bonne chose. Quelle est cette chose?

_____

☐ Qu'est-ce que l'auteur suggère de prendre lorsqu'on a un rhume?

_____

☐ Chaque jour du journal personnel peut être représenté par un sentiment comme la joie, la peur, etc.

Dessine un visage qui représente chaque sentiment. Écris le nom du sentiment sous chaque visage.

mardi	mercredi	vendredi

☐ Il y a trois jours différents inscrits dans le journal. Fais un dessin pour représenter chaque journée. Complète les détails manquants.

Le mardi _____ mai	Le _____ 8 mai	Le vendredi 10 _____

COMMUNICATION – Questions à répondre à l'aide des idées du texte et des connaissances et expériences personnelles.

☐ Si tu étais à la place de l'auteur qui a reçu une invitation, qu'achèterais-tu à Patrick avec 5 $. Dans des catalogues, découpe trois choix de cadeaux. Indique le prix de chaque cadeau.

1	2	3
Prix :	Prix :	Prix :

☐ En équipe de deux, trouvez une solution pour que le hamster ne se sauve plus de sa cage.

_____

_____

☐ Comparez votre solution à celle des autres équipes. Selon toi, quelle est la meilleure solution? Pourquoi?

_____

_____

_____

☐ Le journal personnel présente les événements de trois différentes dates. Relis chacun des trois textes. Lequel trouves-tu le plus intéressant? Pourquoi?

_____

_____

☐ Choisis une journée dans ta vie dont tu aimerais te souvenir longtemps. Écris la date de cette journée. Raconte pourquoi cette journée est importante pour toi.

Date : _____ Cette journée est importante pour moi parce que

_____

_____

_____

☐ L'auteur mentionne une chose à faire pour aider à se guérir d'un rhume. Connais-tu d'autres choses à faire? Nommes-en deux autres.

_____

_____

☐ Quand on a un rhume, on peut avoir mal aux oreilles comme il est mentionné dans le journal. Toi, quand tu as un rhume, as-tu d'autres maux ou symptômes que le mal d'oreilles? Nommes-en d'autres.

_____

_____

ORGANISATION DES IDÉES – Questions pour montrer la compréhension de l'organisation du texte.

☐ Comment sais-tu que ces pages de texte font partie d'un journal personnel?

_____

☐ Observe bien les trois textes. À qui l'auteur de ces textes s'adresse-t-il?

_____

Certaines personnes choisissent d'autres formules d'appel lorsqu'elles s'adressent à leur journal personnel. Imagine une autre formule d'appel :

_____

☐ Relie ces idées à la bonne date.

Le hamster se sauve.

L'auteur a un rhume.

Il est invité à une fête.

Plusieurs des amis vont aussi à la fête.

Moustache était caché dans l'armoire de la salle de bains.

Il faut prendre beaucoup de vitamine C.

| le 7 mai |

| le 8 mai |

| le 10 mai |

☐ Quand Moustache s'est sauvé, la famille a regardé partout dans la maison. Nomme en ordre, les trois endroits où la famille a cherché Moustache.

1. _____

2. _____

3. _____

RESPECT DES CONVENTIONS LINGUISTIQUES – Questions pour montrer la compréhension des conventions linguistiques apprises.

☐ Encercle les verbes.

Moustache tremblait beaucoup.

Nous mangerons au restaurant.

Ça débloque les oreilles.

☐ Sépare les mots en syllabes (p. ex., jour-nal). Attention, certains mots ne se séparent pas parce qu'ils n'ont qu'une seule syllabe.

journal _____   invitation _____

cadeau _____   deux _____

rhume _____   Moustache _____

sœur _____   vitamine _____

☐ Dans le texte du journal du 7 mai, trouve cinq noms de personnes ou d'animaux ou d'objets. Invente une phrase avec chaque nom en les transformant au pluriel (p. ex., hamster... J'aime les hamsters.).

1. _____

2. _____

3. _____

4. _____

5. _____

☐ Pour chaque phrase, écris le contraire en ajoutant **ne pas** ou **n'__ pas** à la phrase.

a) J'étais très fâché.

_____

b) Je suis très content.

_____

c) J'ai hâte à la fête de Patrick.

_____

d) J'ai attrapé un gros rhume.

_____

e) Il faut prendre beaucoup de vitamine C.

_____

f) Ça débloque les oreilles!

_____

ÉCRITURE (tâches ouvertes)

☐ Écris ton journal personnel pour parler de ta journée d'hier ou d'aujourd'hui. Suis les caractéristiques du journal personnel.

☐ As-tu déjà perdu quelque chose? Raconte.

☐ Informe-toi afin de connaître les soins à donner à un hamster ou à un autre animal domestique de ton choix. Rédige un aide-mémoire des choses à faire.

COMMUNICATION ORALE (tâches ouvertes)

☐ En petit groupe, racontez ce qui aurait pu arriver au hamster si on ne l'avait pas retrouvé.

☐ Raconte ce que tu penses qu'il va se passer à la fête de Patrick.

☐ En équipe de quatre, identifiez les sentiments présents dans chacun des trois textes. Faites une mise en commun avec tout le groupe-classe.

☐ Aimerais-tu avoir un journal personnel? Explique pourquoi. De quoi parlerais-tu le plus (tes amis, l'école, les sports...)?

☐ Ton frère ou ta sœur a trouvé ton journal personnel et en a lu des passages. Que vas-tu faire, que vas-tu lui dire? Raconte comment tu te sens.

La cabane à sucre
Pages 84 et 85

RAISONNEMENT – Questions à répondre à l'aide des idées du texte.

☐ Réponds aux questions à l'aide du journal personnel du 22 mars.

a) Quelle sortie la classe prépare-t-elle?

_____

b) Qui forme les groupes? _____

c) Quand la sortie aura-t-elle lieu? _____

d) Qui fait partie du groupe de la fillette? _____

_____

☐ Coche (✓) la bonne réponse.

a) Les amis de la fillette sont

☐ Victor et Lise. ☐ Michel et Maxime. ☐ Hans et Victor.

b) Les enfants ont mangé

☐ de la tire. ☐ du sucre à la crème. ☐ des œufs.

c) Dans l'autobus, les enfants ont ☐ dormi. ☐ crié. ☐ chanté.

d) La fillette a mal ☐ aux yeux. ☐ aux jambes. ☐ aux dents.

e) La fillette se rend chez

☐ le docteur. ☐ le dentiste. ☐ le vétérinaire.

COMMUNICATION – Questions à répondre à l'aide des idées du texte et des connaissances et expériences personnelles.

☐ À quel temps de l'année se déroulent les événements? Comment le sais-tu? Essaie de trouver deux preuves.

_____

_____

☐ Qui a écrit ce journal personnel? Explique comment tu as découvert la réponse.

_____

_____

☐ Les enfants ont préparé leur sortie à la cabane à sucre. Avec un ou une camarade, décris les préparatifs possibles des enfants pour une telle sortie.

_____

_____

_____

_____

☐ L'auteure du journal personnel semble heureuse de se retrouver dans le groupe de ses amis. En équipe de quatre, discutez des avantages et des désavantages du fait que c'est madame Lise qui a formé les groupes pour la sortie à la cabane à sucre.

Avantages	Désavantages

☐ Choisis ce que tu aimerais manger lors de ta visite à l'érablière.
Explique tes choix.

Bienvenue à l'Érablière du village

tire
œufs dans le sirop d'érable
crêpes
fèves au lard
petites patates rissolées
saucisses
rôties
omelette
jambon
lait
lait au chocolat
jus d'orange
jus de pommes

Lors de ma visite, je vais manger _____

_____

_____

_____

Que penses-tu des repas servis dans cette érablière?

_____

_____

ORGANISATION DES IDÉES – Questions pour montrer la compréhension de l'organisation du texte.

☐ Quand le journal personnel a-t-il été écrit?

_____

☐ Qu'écrit-on habituellement dans un journal personnel avant même d'exprimer ses sentiments?

_____

☐ Numérote les activités de 1 à 6 selon l'ordre de leur déroulement.

_____ Nous avons formé des groupes.

_____ J'ai mangé de la tire et des bonnes crêpes.

_____ Nous sommes à la cabane.

_____ J'ai très mal à une dent.

_____ Ma classe prépare une sortie à la cabane à sucre.

_____ On a chanté dans l'autobus.

☐ Quels sentiments éprouve l'auteure de ce journal personnel par rapport :

– à la visite à la cabane à sucre?

– à la visite chez le dentiste?

Illustre le visage de la fillette lors des deux activités.

☐ Écris **vrai** ou **faux**. Le journal personnel

_____ débute habituellement par une date.

_____ raconte les idées, les sentiments et les activités de la personne qui écrit.

_____ raconte les événements dans la vie des grands-parents.

_____ renferme des phrases débutant par Il (p. ex., Il est allé à l'école.).

_____ est écrit de façon régulière, souvent à chaque jour.

_____ ressemble à un poème.

☐ Complète les phrases avec les mots représentés par les illustrations. Attention aux mots écrits au pluriel.

À la cabane, j'ai mangé des bonnes _____ .

Mon enseignante a formé des _____ .

J'ai très mal à une _____ .

Hans a mangé de la _____ .

☐ Trouve dans le texte trois noms de personnes.

a) _____ _____ _____

Que remarques-tu? Ces trois noms prennent une lettre _____
parce que _____ .

b) D'autres noms suivent cette même règle. Ce sont les noms donnés
aux animaux. (p. ex., Fido, Moustache, etc.) et les noms de lieux
(p. ex., Ottawa, Cornwall, etc.). Écris

deux noms d'animaux : _____ _____

deux noms de lieux : _____ _____

☐ Change les phrases du pluriel au singulier.

a) Mes amies aiment bien faire des sorties.

Mon _____ _____
bien faire une _____ .

b) Les élèves mangent de la tire.

L'_____ _____ de la tire.

c) Nous dégustons de bonnes crêpes.

Je _____ une _____ _____.

☐ Relis le texte du 22 mars. Trouve trois verbes qui appartiennent au 1er groupe. Ces verbes se terminent en **er** (p. ex., march**er**, mang**er**).

_____ _____

_____

ÉCRITURE (tâches ouvertes)

☐ En équipe de quatre, imaginez que vous êtes des élèves de la classe de madame Lise. Écrivez une lettre au propriétaire de l'Érablière du village pour le remercier de son accueil, etc.

☐ Recopie le texte du 22 mars en écriture cursive. Prête attention aux lettres majuscules et aux espaces entre les mots.

☐ Écris un texte pour ton journal personnel qui raconte ta journée d'aujourd'hui ou d'hier. Assure-toi de bien décrire tes activités, tes sentiments et tes idées.

☐ Écris le journal d'un jour pour ta classe. Le lendemain, un ou une autre élève de ta classe fera de même et ainsi de suite jusqu'à ce que tous les élèves aient décrit une journée. À la fin du mois, toi et les autres élèves pourrez lire le journal personnel de la classe et vous rappelez ainsi de bons moments vécus ensemble.

COMMUNICATION ORALE (tâches ouvertes)

☐ Avec tes parents, prépare des questions que tu pourrais poser à ta ou ton dentiste lors de ta prochaine visite.

☐ Dessine l'érable selon les quatre saisons de l'année. Explique aux autres élèves ses différentes transformations au cours des saisons.

☐ Décris les activités que tu ferais si tu te rendais à une cabane à sucre. Quelles sont celles que tu préfères et celles que tu aimes moins? Explique tes choix.

☐ Raconte aux élèves de la classe quelle sortie tu aimerais le plus faire avec ton groupe-classe. Explique ton choix.

Fiche de planification du dossier d'écriture

Je prépare la rédaction de mon journal personnel.

Date : _____	

Formule d'appel : ☐ Cher journal,	
☐ _____	

Je réfléchis à ce que je veux écrire dans mon journal personnel. Je note mes idées, mes sentiments et mes activités.

✓ Je transcris mes notes dans mon journal personnel.

✓ J'écris d'abord la date.

Lettre à ma cousine
Page 86

RAISONNEMENT – Questions à répondre à l'aide des idées du texte.

☐ À partir du texte, complète le tableau suivant :

Qui a envoyé une photo?	Qui a envoyé un dessin?	Où est le dessin?
Qui est Marc?	**Qu'est-ce que des grands-pères dans le sirop d'érable?**	**Quand Pierre ira-t-il près de la baie Georgienne?**

☐ Retrouve dans le texte le mot qui veut dire…

pas facile _____

Je m'entraîne _____

très bonne _____

gagnant _____

qui est très beau _____

☐ Complète les phrases à l'aide des mots suivants :

billes	patinage	échecs	desserts	baisers	ski

a) Les deux cousins aiment les _____ spéciaux de grand-maman.

b) Marc joue très bien aux _____.

c) Pendant les vacances d'hiver, les enfants pourront faire du

_____.

☐ Encercle la bonne réponse.

a) Sophie a envoyé une lettre et (un dessin, une photo, une illustration).

b) Les parents de Pierre ont loué un chalet près de (la mer, la baie, la rivière) Georgienne.

c) Les enfants pourront faire du (patinage, ski, ski de randonnée) tous les jours.

COMMUNICATION – Questions à répondre à l'aide des idées du texte et des connaissances et expériences personnelles.

☐ Imagine le dessin de Sophie. Dessine-le et décris-le aux élèves de ton groupe-classe.

☐ Quel est ton dessert préféré? Qui fait ce dessert pour toi? Pourquoi le préfères-tu? Enregistre tes commentaires sur cassette audio.

☐ Si Sophie se rend au chalet et qu'il n'y a pas de neige, à quels jeux les enfants joueront-ils, selon toi?

_____

_____

☐ Raconte aux élèves de ton groupe-classe ta dernière visite chez tes grands-parents. Décris les activités que tu as réalisées.

ORGANISATION DES IDÉES – Questions pour montrer la compréhension de l'organisation du texte.

☐ Relie chaque phrase à la bonne partie du texte.

Pierre raconte qu'il s'exerce au jeu de billes.	Au début
Pierre félicite Sophie pour son dessin.	Au milieu
Pierre invite Sophie au chalet.	À la fin

☐ Comment Pierre salue-t-il sa cousine au début de la lettre?

_____

Imagine une autre formule d'appel : _____

☐ Imagine une autre salutation et une autre signature possibles pour la lettre de Pierre.

Salutation : J'attends de tes nouvelles.

Signature : Ton cousin Pierre

RESPECT DES CONVENTIONS LINGUISTIQUES – Questions pour montrer la compréhension des conventions linguistiques apprises.

☐ Lis cette phrase du texte : *Qu'en penses-tu?*

Nomme la sorte de phrase et justifie ta réponse.

Cette phrase est une phrase _____ parce que _____

_____

☐ Lis la phrase suivante :

Tu me demandes si j'ai eu beaucoup de plaisir lors de notre rencontre chez grand-maman.

Souligne en rouge toutes les lettres qui forment le son **an** dans les mots.

Combien as-tu trouvé de façons différentes d'écrire le son **an**? _____

☐ Encercle les verbes dans les phrases suivantes :

a) Je t'envoie une photo de nous deux.

b) J'aime les desserts spéciaux de grand-maman.

c) Mon voisin Marc demeure le grand champion.

d) Les vacances d'hiver arrivent à grands pas.

e) Pour l'occasion, mes parents ont loué un chalet près de la baie Georgienne.

ÉCRITURE (tâches ouvertes)

☐ Rédige une lettre à une personne de ton choix, que tu aimes bien. Choisis avec soin tes formules d'appel et de salutation. Pense à des mots gentils.

☐ Écris ta recette de dessert préféré et offre-la à ton meilleur ami ou à ta meilleure amie. Demande la permission à tes parents de lui faire goûter ton mets favori.

☐ Réfléchis à tes dernières vacances en famille. Décris-les sous forme de journal personnel. Inscris au moins une activité ou un sentiment pour chaque jour de vacances.

COMMUNICATION ORALE (tâches ouvertes)

☐ Connais-tu un jeu de billes? Si oui, explique-le aux membres de ton équipe, si non, choisis un autre jeu de ton choix.

☐ Trouve la baie Georgienne sur une carte routière de l'Ontario. En petit groupe, discute de la route à emprunter pour s'y rendre en voiture.

☐ Illustre ton plus beau souvenir de vacances. Explique ton dessin aux élèves de ton groupe en y décrivant les sentiments ressentis.

☐ En groupe de deux, présente une saynète au sujet de deux cousins ou cousines qui se rencontrent pour jouer.

RAISONNEMENT – Questions à répondre à l'aide des idées du texte.

☐ Réponds aux questions à l'aide du texte.

a) Quelle est la principale nouvelle que Sébastien annonce à son ami Samuel?

_____

_____

b) Que fera Sébastien quand Samuel viendra lui rendre visite?

_____

_____

c) Quels sont les sports pratiqués par les deux garçons?

_____

_____

☐ Réponds aux questions à l'aide du texte.

a) Pourquoi Sébastien doit-il s'entraîner souvent à la planche à neige?

_____

_____

_____

b) Quelle est la date de l'anniversaire de naissance de Sébastien?

_____

c) Où demeure Sébastien? Comment le sais-tu?

_____

_____

COMMUNICATION – Questions à répondre à l'aide des idées du texte et des connaissances et expériences personnelles.

☐ Énumère des sports d'hiver. Parmi ces sports d'hiver, lesquels pratiques-tu?

_____

_____

☐ Sébastien tombe souvent lorsqu'il fait de la planche à neige. Connais-tu un autre sport où tu dois t'exercer souvent avant de ne plus tomber ou du moins, tomber beaucoup moins? Illustre ce sport et présente-le à tes camarades.

```



```

☐ Quelle sorte de dents Sébastien a-t-il perdue? _____

Connais-tu le nom des autres sortes de dents? Renseigne-toi et présente tes découvertes aux élèves de ton groupe.

☐ Samuel pratique le ski alpin et Sébastien s'entraîne à la planche à neige. Lequel des deux sports préfères-tu? Explique ton choix.

_____

_____

_____

☐ Sur une carte de l'Ontario situe la ville où habite Sébastien.

Dans quelle partie de la province habite-t-il : le sud, le nord, l'ouest ou l'est?

_____

Habite-t-il près de ta ville? Explique ta réponse.

_____

_____

Fais part de tes découvertes aux élèves de ton groupe.

ORGANISATION DES IDÉES – Questions pour montrer la compréhension de l'organisation du texte.

☐ Où habite Sébastien? Comment le sais-tu?

_____

_____

☐ Identifie la formule d'appel et la formule de salutation de cette lettre.

Formule d'appel : _____

Formule de salutation : _____

☐ Pourquoi Sébastien écrit-il seulement son prénom à la fin de la lettre?

_____

_____

☐ Quand Sébastien a-t-il écrit sa lettre?

_____

_____

RESPECT DES CONVENTIONS LINGUISTIQUES — Questions pour montrer la compréhension des conventions linguistiques apprises.

☐ Trouve dans la lettre

quatre noms propres de personnes.

_____   _____

_____   _____

un nom propre de lieux. _____

☐ Réécris les phrases à la forme négative. (p. ex., Je suis malade. *devient* Je **ne** suis **pas** malade.)

a) J'ai reçu ta lettre la semaine dernière.

_____

b) Papa et maman m'ont acheté une planche à neige.

_____

c) C'est une canine.

_____

ÉCRITURE (tâches ouvertes)

☐ Réponds à la lettre de Sébastien comme si tu étais Samuel.

☐ En suivant les caractéristiques de la lettre, écris une lettre à un copain ou à une copine que tu aimes bien pour lui décrire une activité que tu as faite récemment.

☐ Choisis un sport d'hiver. À l'aide d'un dictionnaire visuel, dresse une liste de l'équipement qu'il te faut pour pratiquer ce sport.

☐ Maintenant, amuse-toi un peu! Écris une courte lettre à un ami ou à une amie dans la classe sans signer ton nom au bas de la page. Au lieu, écris : ton ami secret ou ton amie secrète. Cette personne pourra-t-elle découvrir qui tu es?

☐ En petit groupe, rédigez les règles de sécurité pour la pratique du ski alpin ou de la planche à neige. Présentez ces règles au groupe-classe.

COMMUNICATION ORALE (tâches ouvertes)

☐ Quel sport d'hiver pratiques-tu? Présente-le aux camarades de ton équipe. Raconte la façon de le pratiquer ainsi que l'équipement nécessaire.

☐ Trouve, à la bibliothèque, un livre qui traite d'un sport d'hiver que tu aimes. Présente ce livre à la classe et explique pourquoi tu as aimé ou n'as pas aimé ce livre.

☐ En petit groupe, dressez une liste des dangers associés à la pratique de la planche à neige. Présentez ensuite à la classe des solutions pour pratiquer ce sport de façon plus sécuritaire.

☐ Parle d'une lettre que tu as déjà reçue. Si tu le peux, apporte cette lettre à l'école et présente-la aux élèves. Dis qui te l'a envoyée, d'où la lettre provient, etc.

☐ Si tu pouvais écrire une lettre à ton idole ou à toute autre personne que tu admires beaucoup, à qui écrirais-tu? Que lui dirais-tu dans ta lettre? Raconte ta démarche à ton groupe.

Lettre à ma meilleure amie
Page 88

RAISONNEMENT – Questions à répondre à l'aide des idées du texte.

☐ Réponds aux questions à l'aide du texte.

a) À qui Diane écrit-elle? _____

b) Sarah n'habite plus dans la même ville que Diane. Comment le sais-tu?

_____

_____

c) À quel moment de l'année, Sarah viendra-t-elle visiter Diane?

_____

d) Nomme une activité que les filles feront lorsqu'elles seront ensemble.

_____

☐ Qu'est-ce que la mère de Diane a acheté? _____

Illustre-le et colorie ton dessin.

Pourquoi l'animal s'appelle-t-il Frou-Frou? _____

_____

COMMUNICATION – Questions à répondre à l'aide des idées du texte et des connaissances et expériences personnelles.

☐ Si tu étais à la place de Sarah, que ferais-tu en recevant cette lettre? Pourquoi?

_____

_____

☐ En petit groupe, rédigez une liste d'activités que les filles pourront faire ensemble au mois de décembre.

Activités à l'intérieur	Activités à l'extérieur

☐ Selon toi, pourquoi crois-tu que la mère de Diane a acheté un caniche? Raconte.

_____

_____

ORGANISATION DES IDÉES – Questions pour montrer la compréhension de l'organisation du texte.

☐ Replace ces phrases selon l'ordre dans le texte. Numérote-les de 1 à 5.

_____ Maman a acheté un beau caniche.

_____ Frou-Frou va coucher avec nous deux.

_____ J'ai reçu ta lettre hier.

_____ Apporte ton maillot de bain.

_____ Bonjour Sarah,

□ Complète cette lettre en t'inspirant du modèle de la lettre de Diane. Choisis le copain ou la copine à qui tu veux l'envoyer.

_____, le _____

Bonjour _____,

J'ai reçu _____ hier. Je voulais t'écrire tout de suite. Je suis _____ que tu aimes ton _____. Est-ce que tu t'es fait _____?

Devine quoi! Maman a acheté _____. _____ s'appelle _____.

J'ai hâte de te voir!
À bientôt!

_____

RESPECT DES CONVENTIONS LINGUISTIQUES – Questions pour montrer la compréhension des conventions linguistiques apprises.

□ Trouve le masculin de ces mots :

Je suis contente .	Je suis _____.
Ta meilleur amie	Ton _____ _____
grande	_____
petite	_____

□ Conjugue les verbes *avoir* ou *être* au présent de l'indicatif.

avez	suis	as	ai	est

a) Tu _____ une nouvelle école.

b) J'_____ hâte de te voir.

c) Je _____ contente.

d) Frou-Frou _____ un beau caniche blanc.

e) Vous _____ des vacances en décembre.

☐ Trouve deux mots de :

une syllabe : _____ _____

deux syllabes : _____ _____

trois syllabes : _____ _____

☐ Ajoute un adjectif de ton choix.

a) J'ai une nouvelle amie.

J'ai une bonne amie.

J'ai une _____ amie.

b) Le poil de Frou-Frou est blanc.

Le poil de Frou-Frou est brun.

Le poil de Frou-Frou est _____.

c) Maman a préparé des activités amusantes.

Maman a préparé des activités excitantes.

Maman a préparé des activités _____.

d) Ta lettre est longue.

Ta lettre est triste.

Ta lettre est _____.

e) J'ai un beau caniche.

J'ai un gentil caniche.

J'ai un _____ caniche.

ÉCRITURE (tâches ouvertes)

☐ En petit groupe, rédigez une lettre à votre enseignant ou enseignante. Parlez-lui d'un événement que vous avez vécu ou que vous vivrez ensemble.

☐ Écris une lettre à tes grands-parents. Tu peux leur raconter ce qui se passe dans ta classe et leur parler de tes camarades. Demande de l'aide à tes parents pour mettre ta lettre à la poste. Quelle surprise ce sera pour tes grands-parents!

☐ Dresse la liste des activités qu tu aimerais faire si ton meilleur ami ou ta meilleure amie te visitait.

☐ Rédige une devinette pour faire connaître Frou-Frou ou encore ton meilleur ami ou ta meilleure amie.

☐ Note l'adresse de courriel de papa, maman ou d'un ami ou d'une amie. Écris-lui une lettre.

COMMUNICATION ORALE (tâches ouvertes)

☐ En grand groupe, discutez des lettres que vous avez déjà reçues ou envoyées.

☐ Imagine que tu es Sarah et que tu reçois cette lettre. Devant la classe, joue le rôle de Sarah et demande à tes parents (deux autres élèves) si tu peux aller la visiter en décembre.

☐ Apporte un animal en peluche à l'école. Présente-le. Explique aux élèves de la classe comment tu as choisi le nom de ton compagnon.

☐ Avec un ou une partenaire, joue la scène suivante. Tu es Sarah et tu viens de recevoir la lettre de Diane. Tu décides de téléphoner à ton amie.

Fiche de planification du dossier d'écriture

Je prépare la rédaction d'une lettre d'amitié.

Lieu : _____,

Date : le _____

Formule d'appel :

☐ *Bonjour...,*   ☐ *Cher...,*   ☐ *Chère...,*   ☐ *Chers...,*

☐ *Salut...,*   ☐ *Mon cher...,*   ☐ *Ma chère...,*

M E S S A G E

Salutation :

☐ *Amitié,*   ☐ *À bientôt,*   ☐ *Amicalement,*

☐ *Ton ami,*   ☐ *Ton amie,*   ☐ _____

☐ *Ton meilleur ami,*   ☐ *Ta meilleure amie,*

Signature :

✓ J'organise les idées de mon message en paragraphes.

✓ Je soigne mon écriture ou j'utilise un traitement de texte.

✓ Je décore mon papier à lettres, si je le désire.

Le lapin
Page 89

RAISONNEMENT – Questions à répondre à l'aide des idées du texte.

☐ Réponds aux questions à l'aide du texte.

a) Qui est Peluche? _____

b) À qui Peluche appartient-il?

_____

c) Trouve deux raisons pourquoi Stéphane veut ravoir son petit lapin en peluche.

_____

_____

☐ Choisis le bon mot.

a) Stéphane est _____ d'Éric.

(le voisin, le frère, l'ami)

b) Peluche aide Éric à passer le temps _____.

(les fins de semaine, pendant la nuit, au retour de l'école)

c) Le message de Stéphane est une note _____.

(de demande, de rappel, de remerciements)

☐ Explique en tes propres mots.

Voici une petite note **de rappel.**

_____

_____

☐ Stéphane aime dormir avec Peluche. As-tu, toi aussi, un objet avec lequel tu dors la nuit? Illustre ton objet favori et présente-le aux élèves de la classe.

☐ Apporte un objet de la maison que tu aimes beaucoup. Présente-le aux élèves et explique ta relation avec cet objet.

☐ Peluche aide Éric à passer le temps au retour de l'école. Lorsqu'Éric remettra le lapin à Stéphane, il devra trouver une autre solution. Avec un ou une camarade, fais un remue-méninges de solutions possibles. Présente la meilleure solution à tes camarades et explique ton choix.

☐ Imagine que ce soir, tout comme Stéphane, tu n'as pas ton toutou préféré pour t'endormir. Que peux-tu faire pour t'aider à t'endormir? Dresse une liste de solutions possibles et présente-la à ton équipe.

ORGANISATION DES IDÉES – Questions pour montrer la compréhension de l'organisation du texte.

☐ Les deux textes intitulés *Le lapin* sont des notes. Comment sais-tu que ce sont deux notes?

_____

_____

_____

☐ Relie les mots aux bons éléments d'un message d'une note.

Ton ami, | formule de salutation |

Bonjour Éric, | signature |

Stéphane | formule d'appel |

☐ Les phrases du message de Stéphane à son ami Éric se sont mélangées à celles d'une note que sa maman lui a laissée. Souligne en rouge les phrases qui appartiennent au message de Stéphane et en bleu celles qui font partie du message de sa mère.

Bonjour Éric,

Voici une petite note de rappel pour toi mon petit gars. Lundi dernier, je t'ai prêté mon lapin en peluche. J'ai pensé que tu pourrais te préparer des craquelins avec du fromage avant mon arrivée. Je m'ennuie beaucoup de mon lapin en peluche. Peux-tu commencer tes devoirs? J'ai besoin de mon petit lapin pour dormir.

J'arrive bientôt.

Stéphane

☐ D'où proviennent ces phrases? Relie chacune à la bonne note.

Je suis content d'avoir Peluche avec moi depuis lundi.

Je m'ennuie beaucoup de lui. | note écrite par Stéphane |

Tu es chanceux d'avoir un si beau jouet.

J'ai de la difficulté à dormir sans lui.

Peux-tu me le rapporter demain, s'il te plaît? | note écrite par Éric |

Voici une petite note de rappel.

176

☐ «Peux-tu me le rapporter demain, s'il te plaît?» est une phrase interrogative. Construis une autre phrase interrogative en gardant la même idée mais en utilisant cette fois-ci l'expression «Est-ce que...»

_____

_____

_____

☐ Construis des phrases négatives à partir des phrases ci-dessous en utilisant **ne ___ pas**.

a) Je m'ennuie beaucoup de lui.

_____

b) Je suis content d'avoir Peluche avec moi.

_____

☐ Transforme les expressions suivantes :

singulier	pluriel
un petit lapin	des _____
_____	des grandes oreilles
une petite note	des _____

☐ Trouve deux noms qui commencent par la syllabe suivante :

re _____   _____

pe _____   _____

☐ Complète les phrases en employant les verbes *être* ou *avoir*.

a) Tu _____ chanceux!

b) Je _____ content de te voir.

c) J'_____ besoin de mon ami Peluche.

d) Il _____ mon meilleur ami.

e) Ils _____ dans la même classe.

f) Nous _____ des animaux en peluche.

ÉCRITURE (tâches ouvertes)

☐ Écris une note à ta mère lui demandant la permission d'aller au cinéma avec ton meilleur ami ou ta meilleure amie.

☐ Tu es enseignant ou enseignante. Écris une note aux parents d'un ou d'une élève qui oublie très souvent ses devoirs à la maison.

☐ En groupe de deux, pensez à une activité spéciale que vous aimeriez vivre avec votre groupe-classe. Écrivez ensuite une note à votre enseignant ou enseignante lui disant que vous aimeriez faire cette activité spéciale.

☐ Imagine que tu es Stéphane. Tu t'ennuies de Peluche. Rédige une page de ton journal personnel.

COMMUNICATION ORALE (tâches ouvertes)

☐ Devant la classe, donne des directives aux autres élèves sur «comment rédiger le message d'une note».

☐ Présente un spectacle de marionnettes avec un ou une partenaire en t'inspirant des messages des deux notes.

☐ En petit groupe, discutez de vos habitudes et de votre routine lors du coucher.

☐ Avec un ou une partenaire, jouez les rôles de Stéphane et d'Éric en imaginant une conversation téléphonique entre les deux amis au sujet du lapin Peluche.

RAISONNEMENT – Questions à répondre à l'aide des idées du texte.

☐ Quelle partie du corps Amir s'est-il cassée? Explique comment tu as fait pour trouver la réponse.

_____

_____

_____

☐ Nomme ou illustre ta réponse.

Qui est blessé?	Qu'est-ce que Luc va dessiner sur le plâtre?	En pratiquant quel sport, l'enfant s'est-il blessé?	Dans combien de jours, l'accidenté retournera-t-il à l'école?	Qui est madame Lise?

☐ Qui suis-je? Fais un ✓ dans la bonne colonne.

	Luc	Amir
Je suis blessé.		
Je suis désolé.		
J'ai un plâtre.		
Je m'ennuie.		
Je dessinerai un soleil.		

☐ Complète la phrase en encerclant la bonne réponse.

a) C'est	l'été.	l'automne.	le printemps.
b) Luc	est blessé.	est un ami d'Amir.	est en vacances.
c) Amir	porte des lunettes.	s'amuse.	se repose.

COMMUNICATION – Questions à répondre à l'aide des idées du texte et des connaissances et expériences personnelles.

☐ D'après toi, pourquoi Amir a-t-il un bras dans le plâtre? Explique ta réponse.

_____

_____

☐ Peux-tu nommer des règles de sécurité importantes quand on fait du ski? Nommes-en au moins trois. Tu peux consulter tes camarades.

_____

_____

☐ D'après toi, qui est madame Lise? Explique comment tu as fait pour trouver ta réponse ou de quel indice tu t'es servi.

_____

_____

☐ Dans les deux petites notes, on y retrouve trois sentiments éprouvés par nos deux amis. Souligne les mots qui décrivent comment ils se sentent.

☐ Pourquoi l'illustrateur a-t-il découpé l'illustration en deux? Explique ta réponse.

_____

☐ Illustre comment Amir se sent :

avant la note de Luc	en lisant la note de Luc
☺	☺

Explique tes illustrations.

☐ Si à la suite d'un accident, tu devais rester au lit pour quelques jours, que ferais-tu pour te désennuyer? Dessine et explique ton dessin à ton groupe.

ORGANISATION DES IDÉES – Questions pour montrer la compréhension de l'organisation du texte.

☐ Place les idées ci-dessous selon l'ordre du texte, en les numérotant de 1 à 5.

_____ Madame Lise parle de l'accident.

_____ accident

_____ retour d'Amir en classe

_____ Luc écrit à Amir.

_____ Amir remercie Luc.

☐ Trouve un autre titre à ce texte.

_____

☐ Voici le modèle d'une note. Découpe les étiquettes ci-dessous et place-les aux bons endroits.

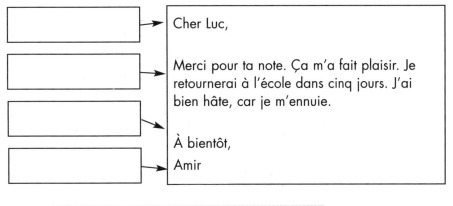

Cher Luc,		

Merci pour ta note. Ça m'a fait plaisir. Je retournerai à l'école dans cinq jours. J'ai bien hâte, car je m'ennuie.

À bientôt,
Amir

message	formule de salutation
signature	salutation

181

☐ Dans le texte, trouve trois noms propres :

_____   _____   _____

trois noms communs masculins :

_____   _____   _____

deux noms communs féminins :

_____   _____

trois verbes conjugués au présent de l'indicatif :

_____   _____   _____

☐ Pour chaque phrase, écris le contraire en ajoutant **ne pas** ou **n'__ pas** à la phrase (p. ex., J'ai cassé mon bras. *devient* Je **n'**ai **pas** cassé mon bras.)

a) Madame Lise nous a parlé de ton accident.

_____

b) J'ai hâte de te revoir.

_____

c) Je suis désolé pour toi.

_____

d) Je retournerai à l'école dans cinq jours.

_____

☐ Coupe les mots en syllabes (p.ex., pa-pa).

Lise   _____

plâtre   _____

soleil   _____

vite   _____

école   _____

☐ Transcris le message d'Amir proprement en écriture cursive.

_____

_____

_____

_____

_____

_____

_____

ÉCRITURE (tâches ouvertes)

☐ En suivant les caractéristiques du message, écris un message à un copain ou à une copine. Fais un beau dessin pour accompagner ta note.

☐ Rédige un court récit d'un accident qui t'est arrivé ou qui est arrivé à un membre de ta famille.

☐ En petit groupe, rédigez les règles de sécurité pour la pratique du ski alpin. Présentez les règles sur un grand carton et affichez-le dans la salle de classe.

☐ En petit groupe, illustrez l'équipement nécessaire à la pratique du ski alpin ou d'un autre sport d'hiver de votre choix. Inscrivez le nom de chaque pièce d'équipement, près de l'illustration. Consultez un dictionnaire visuel afin d'utiliser le bon vocabulaire. Affichez votre carton dans la classe.

COMMUNICATION ORALE (tâches ouvertes)

☐ As-tu déjà eu un accident pendant que tu faisais du sport? Raconte ce qui t'est arrivé, à quel endroit tu étais et comment s'est terminée ton aventure.

☐ As-tu déjà fait un séjour à l'hôpital? Raconte pourquoi et comment tu as trouvé ton séjour.

☐ Avec les élèves de ton groupe, présente l'une des saynètes suivantes :
  – Amir qui arrive à l'hôpital après son accident.
  – Luc qui rend visite à Amir.
  – Amir qui revient à l'école.

Une famille active
Pages 91 et 92

RAISONNEMENT – Questions à répondre à l'aide des idées du texte.

☐ Réponds aux questions à l'aide des textes.

a) Combien y a-t-il de personnes dans cette famille? Nomme-les.

_____

_____

_____

b) Où les notes sont-elles placées?

_____

_____

c) Où la classe de Mélanie ira-t-elle la semaine prochaine?

_____

_____

☐ Réponds aux questions à l'aide des textes.

a) Chez qui la famille a-t-elle été invitée à souper samedi soir?

_____

_____

b) Quelle activité Cédric fera-t-il avec ses amis?

_____

_____

c) Où maman a-t-elle un rendez-vous?

_____

_____

d) Qui a sorti le plus grand nombre de livres de la bibliothèque? Le moins grand nombre de livres?

_____

_____

_____

COMMUNICATION – Questions à répondre à l'aide des idées du texte et des connaissances et expériences personnelles.

☐ Penses-tu que le réfrigérateur est un bon endroit pour placer des notes? Pourquoi?

_____

_____

☐ Quels sont les endroits appropriés pour placer des notes à la maison? Où les personnes de ta famille placent-elles des notes?

_____

_____

_____

☐ Pourquoi Cédric mentionne-t-il sur sa note qu'il va porter son casque?

_____

_____

☐ Selon toi, Mélanie est-elle heureuse de l'invitation de grand-maman? Comment le sais-tu?

_____

_____

ORGANISATION DES IDÉES – Questions pour montrer la compréhension de l'organisation du texte.

☐ Observe les messages. Transcris les parties des messages qui sont en majuscules. Pourquoi ces mots sont-ils en lettres majuscules?

_____

_____

_____

_____

☐ Identifie la ou le destinataire ainsi que l'auteur ou l'auteure de chacune des notes.

	Destinataire	Auteur ou auteure
Note 1		
Note 2		
Note 3		
Note 4		

☐ Examine la présentation des notes. Suis le modèle de la note de Mélanie (Mélo) et écris une note à tes parents leur demandant de signer ton cahier de devoirs. Utilise, toi aussi, des lettres majuscules.

RESPECT DES CONVENTIONS LINGUISTIQUES – Questions pour montrer la compréhension des conventions linguistiques apprises.

☐ Choisis le mot qui convient le mieux.

alors ensuite donc car

a) SVP, lire et signer mon formulaire de sortie avec ma classe _____ je dois rapporter ce formulaire dès demain.

b) Elle nous invite à souper, samedi soir, _____ j'espère que tu diras oui.

c) Je m'en vais maintenant au parc avec Frank, Patrick et Karine, _____ nous jouerons au hockey.

d) Je porte mon casque, _____ ne vous inquiétez pas.

☐ Trouve quatre noms masculins et féminins dans les textes et insère-les dans la colonne appropriée. Place un article devant chaque nom (un, une ou la, le).

Masculin	Féminin

☐ Écris les phrases suivantes à la forme interrogative, en utilisant l'expression *Est-ce que*.

a) Lisez et signez mon formulaire de sortie avec ma classe.

_____

_____

b) Rappelle grand-maman avant de te coucher.

_____

_____

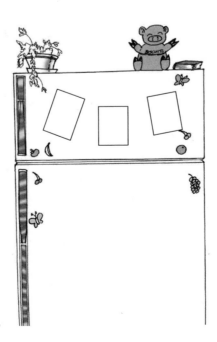

☐ Lis attentivement la note de Cédric informant ses parents qu'il est parti au parc. Relève tous les mots où on entend le son **k**. Pour chaque mot, écris les lettres qui font **k**. (p. ex., **c** – **c**lasse)

k	MOT

Quel mot renferme deux fois le son **k**? _____

ÉCRITURE (tâches ouvertes)

☐ Rédige un aide-mémoire pour ne pas oublier tes devoirs.

☐ Imagine que tu es Cédric. Écris une note pour inviter Frank à venir jouer au parc avec toi.

☐ En groupe de quatre ou de cinq, faites un relevé des deux endroits les plus populaires où les membres de vos familles laissent des notes. Inscrivez vos données dans un pictogramme. Faites connaître vos résultats au groupe-classe.

☐ Lis la note au sujet du rendez-vous chez le dentiste avec l'intonation suggérée dans la note.

☐ Choisis une des notes, et présente-la sous forme illustrée. Ensuite, présente-la aux camarades et demande-leur de deviner quel message tu as illustré.

☐ Relis la note de Mélanie au sujet de l'invitation de grand-maman. Avec un ou une partenaire, convertissez cette note en appel téléphonique.

1. Mélanie téléphone à Papa pour lui dire de rappeler grand-maman.

   OU

2. Papa téléphone à grand-maman.

Fiche de planification du dossier d'écriture

Je prépare la rédaction d'un message d'une note.

Formule d'appel

☐ *Bonjour...,*   ☐ *Cher...,*   ☐ *Chère...,*   ☐ *Chers...,*

☐ *Salut...,*   ☐ *Papa...,*   ☐ *Maman...,*

M E S S A G E

☐ J'utilise certains mots pour capter l'attention.

    ☐ NE PAS OUBLIER   ☐ ATTENTION

    ☐ RAPPEL   ☐ IMPORTANT

    ☐ _____

Salutation

☐ *Amitié,*   ☐ *À bientôt,*

☐ *Ton ami,*   ☐ *Ta meilleure amie,*

☐ _____,

Signature

✓ J'organise les idées de mon message en paragraphes courts.

✓ Je rédige mon message en écrivant seulement les détails importants.

RAISONNEMENT – Questions à répondre à l'aide des idées du texte.

☐ Quelles sont les couleurs mentionnées dans le poème?

_____

_____

☐ Quelles couleurs sont associées à des choses? à des sentiments (peur, joie, etc.)?

	Couleurs		
choses			
sentiments			

☐ Nomme ou colorie la couleur.

Quelle est la couleur des sapins en hiver?	Quelle est la couleur qui fait peur à l'auteure?	De quelle couleur sont les fruits?

☐ Encercle la bonne réponse.

L'auteure aime le rose, ça lui…

a) fait penser à une fleur.

b) donne le goût de mâcher de la gomme.

c) fait voir le bon côté des choses de la vie.

L'ami ou l'amie de l'auteure a des yeux…

a) verts.

b) bleus.

c) bruns.

Le noir donne à l'auteure le sentiment de

a) peur.

b) tristesse.

c) colère.

L'auteure aime le vert, ça lui rappelle

a) les sapins en hiver.

b) les épinettes en hiver.

c) les arbres de Noël en hiver.

☐ Colorie les dessins sur la palette avec les couleurs mentionnées dans le poème. Ensuite, trace une flèche pour relier chaque dessin aux mots correspondants du poème.

J'aime le bleu
Ça me fait penser à tes yeux.

J'aime le vert
Ça me rappelle les sapins en hiver.

J'aime le rouge
C'est comme les fruits bien rouges.

J'aime le rose
Ça me fait voir la vie en rose.

Je n'aime pas le noir
Car j'ai peur dans le noir.

COMMUNICATION – Questions à répondre à l'aide des idées du texte et des connaissances et expériences personnelles.

☐ Nomme d'autres couleurs qui ne sont pas mentionnées dans le poème.

_____

_____

☐ À quels autres sentiments ou choses te font penser les couleurs qui sont mentionnées dans le poème?

bleu _____   rose _____

vert _____   noir _____

rouge _____

192

☐ Dis quelle est ta couleur préférée et à quoi elle te fait penser.

_____

_____

☐ Illustre trois choses qui sont rouges. Explique tes choix.

ORGANISATION DES IDÉES – Questions pour montrer la compréhension de l'organisation du texte.

☐ Découpe les vers du poème et colle-les sur une page dans un autre ordre, selon tes préférences de couleur. Ensuite, lis la nouvelle version du poème que tu viens de créer à un ou une camarade.

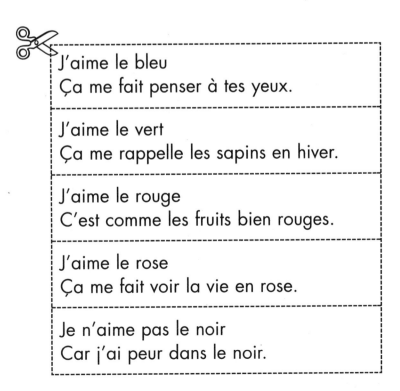

J'aime le bleu
Ça me fait penser à tes yeux.

J'aime le vert
Ça me rappelle les sapins en hiver.

J'aime le rouge
C'est comme les fruits bien rouges.

J'aime le rose
Ça me fait voir la vie en rose.

Je n'aime pas le noir
Car j'ai peur dans le noir.

☐ En te servant des crayons de couleur appropriés (bleu, vert, rouge, rose et noir), souligne dans le poème le nom de la couleur et ensuite le mot qui rime avec la couleur (p. ex., <u>bleu</u>   <u>yeux</u>).

☐ Encercle le genre de texte.

Les couleurs est

un récit.   un poème.   une devinette.

Donne au moins deux raisons pourquoi tu as encerclé cette réponse.

_____

_____

_____

_____

☐ Numérote les couleurs selon l'ordre du texte.

___ rouge   ___ noir   ___ rose   ___ bleu   ___ vert

☐ Observe la présentation du poème. Comment débute chacun des vers?

_____

_____

RESPECT DES CONVENTIONS LINGUISTIQUES – Questions pour montrer la compréhension des conventions linguistiques apprises.

☐ Réécris le vers ci-dessous à la forme négative en ajoutant **ne ___ pas**.

J'aime le bleu   _____

Ça me fait penser à tes yeux.   _____

☐ Réécris la première ligne du vers suivant à la forme affirmative et réécris la deuxième ligne à la forme négative (**ne ___ pas**).

Je n'aime pas le noir   _____

Car j'ai peur dans le noir.   _____

☐ Encercle les noms dans chaque phrase.

a) Ça me fait penser à tes yeux.

b) Ça me rappelle les sapins en hiver.

c) C'est comme les fruits bien rouges.

d) Ça me fait voir la vie en rose.

e) J'ai peur dans le noir.

☐ Dans les phrases ci-dessous, accorde l'adjectif avec le nom. Attention, certains adjectifs ne changeront pas.

La fleur est rose____.   Tes yeux sont rouge____.

La chatte est noir____.   Les sapins sont bleu____.

Le ciel est bleu____.   Les pommes sont vert____.

L'herbe est vert____.   Tes cheveux sont noir____.

☐ Coupe les mots ci-dessous en syllabes (p. ex., pa-pa).

sapins   _____

hiver   _____

penser   _____

rouge   _____

peur   _____

Quel mot ne se divise pas?_____ Pourquoi?

_____

ÉCRITURE (tâches ouvertes)

☐ Écris cinq vers de poésie qui présentent des couleurs. Reprends les structures de phrases du poème étudié.

☐ Réalise un sondage parmi les élèves dans la classe au sujet de leur couleur préférée. Ensuite, présente les résultats de ton sondage sous forme d'un diagramme à bandes.

☐ Écris un poème au sujet de ta couleur préférée.

☐ Prépare une jaquette de livre ayant pour titre *Ma couleur préférée*.

☐ Rédige une devinette pour faire découvrir une couleur de ton choix.

COMMUNICATION ORALE (tâches ouvertes)

☐ Divisez le groupe-classe en équipes. Ensuite, chaque équipe choisit une couleur différente. Découpez dans des magazines des illustrations d'objets qui sont de la couleur choisie par l'équipe. Faites un collage avec les objets découpés. Ensuite, présentez le collage devant la classe en nommant les objets avec les termes justes. (Suggestion : Le groupe-classe pourrait former une murale de couleurs en affichant tous les collages les uns à côté des autres.)

☐ Devant le groupe-classe, récite un des poèmes que tu as écrits. Articule bien. Ajuste ton intonation, et ton expression corporelle pour faire ressortir les idées et les images de ton poème.

☐ Expérimente avec les couleurs en te servant de gouache. Mélange les couleurs primaires (jaune, rouge et bleu) pour obtenir les couleurs secondaires. Utilise ces couleurs dans un dessin. Présente ta production à ton groupe.

☐ Présente le poème *Les couleurs* comme si c'était une chanson. Récite-le en t'accompagnant d'un air connu ou d'un air que tu inventeras.

Poème

RAISONNEMENT – Questions à répondre à l'aide des idées du texte.

☐ Observe bien l'illustration. Qui sont les personnages de ce poème?

_____

☐ Trouve dans le poème, le mot qui veut dire

   – remplis d'attentions, aimables : _____

   – bonté : _____

☐ Choisis un vers du poème. Transcris-le soigneusement et illustre-le.

_____

_____

_____

_____

☐ D'après toi, pourquoi l'enfant a-t-il écrit un poème à sa mère?

_____

_____

☐ D'après toi, que va-t-il se passer lorsque la maman lira le poème de son fils?

_____

_____

☐ Examine l'illustration qui accompagne le poème. Choisis le vers qui va le mieux avec cette illustration. Explique ton choix.

Vers choisi : _____

_____

_____

_____

☐ Nomme des occasions où l'auteur pourrait offrir ce poème à sa mère.

_____

_____

_____

Laquelle des occasions préfères-tu? Pourquoi?

_____

_____

☐ À l'ordinateur, transcris-le vers que tu préfères dans ce poème. Écris ensuite un nouveau vers qui pourrait être ajouté à ce poème. Choisis des caractères d'imprimerie à ton goût et imprime ton travail. Ensuite, présente-le à tes camarades.

ORGANISATION DES IDÉES – Questions pour montrer la compréhension de l'organisation du texte.

☐ Relie ensemble les deux parties de chaque vers. Souligne les deux mots qui riment ensemble dans chaque vers.

Ton sourire chaleureux	rare et merveilleuse.
Ton grand cœur	me rappellent ta grande générosité.
J'aime me faire surprendre	m'apporte des heures de bonheur.
Tes gestes attentionnés	sont comme des baisers dans mon cou.
Lorsque tu me prends dans tes bras	par tes caresses tendres.
Tes mots doux	me rend très heureux.
Tu es comme une perle précieuse	je suis content que tu sois là.

☐ Quel est le titre de ce poème? _____

Est-ce un bon choix? Pourquoi?

_____

_____

☐ Encercle la bonne réponse.

Le texte *Maman* est :

une règle de sécurité	une invitation	un journal personnel
un court récit	un slogan	une devinette
une lettre	un poème	

J'ai encerclé cette réponse parce que _____

_____

☐ Donne un autre titre à ce poème. Explique ton choix.

_____

_____

_____

☐ Remets les mots de ces phrases en ordre.

a) tendres.   faire   par   J'aime   caresses
   surprendre   me   tes

_____

b) de   Ton   m'apporte   heures   grand   cœur
   des   bonheur.

_____

c) Maman,   t'aime.   je

_____

☐ Complète les phrases avec le verbe «être» au présent.

a) Tu _____ comme une perle précieuse rare et merveilleuse.

b) Je _____ contente.

c) Tes mots doux _____ comme des baisers dans mon cou.

d) Elle _____ ma maman chérie.

e) Nous _____ contents de rencontrer ta maman.

f) Vous _____ des enfants chanceux.

☐ Observe la phrase «J'aime me faire surprendre par tes caresses tendres.»
Pourquoi y a-t-il un **s** à la fin du mot *caresses*?

_____

Pourquoi y a-t-il un **s** à la fin du mot *tendres*?

_____

☐ Réécris la phrase «J'aime me faire surprendre par tes caresses tendres.» à la
forme négative en utilisant **ne ____ pas**.

_____

_____

☐ Réécris la phrase «Ton grand cœur m'apporte des heures de bonheur.» à la forme interrogative en utilisant **Est-ce que**.

_____

_____

☐ Trouve au moins cinq adjectifs dans le poème. Écris pour chacun le nom auquel il se rapporte (p. ex., précieuse *perle*).

adjectifs	noms
_____	_____
_____	_____
_____	_____
_____	_____
_____	_____

ÉCRITURE (tâches ouvertes)

☐ Compose des phrases avec des rimes, comme dans le poème *Maman* au sujet de tes camarades.

Exemples :

Mario

Il adore boire de l'eau et jouer au yo-yo.

Simon

Tu joues avec ton ballon comme un champion.

Camille

Tu es une jeune fille très gentille.

Stéphanie

Elle mange des biscuits avec son chien Mimi.

☐ Rédige une lettre à ta maman dans laquelle

– tu lui exprimes ton affection

ou dans laquelle

– tu lui racontes ton plus beau souvenir en sa compagnie.

Décore ton papier à lettres, si tu le désires.

☐ Surprends maman en lui écrivant des petits mots doux que tu placeras un peu partout (p. ex., dans son sac à goûter, dans sa voiture, dans sa trousse de maquillage, sur le réfrigérateur, etc.).

COMMUNICATION ORALE (tâches ouvertes)

☐ Devant la classe, joue le rôle de l'enfant qui lit le poème *Maman* à sa mère. Une partenaire pourra jouer le rôle de la maman qui parle ensuite à son enfant.

☐ Discute avec ton équipe, et ensemble préparez une liste des sentiments que vous ressentez en lisant ce poème. Avec le groupe-classe, faites ensuite une liste commune de tous les sentiments nommés par les équipes. Ton équipe a-t-elle trouvé un sentiment auquel aucune autre équipe n'avait pensé? Combien en avez-vous trouvés en tout?

☐ Choisis un poème que tu aimes. Apprends-le par cœur. Récite-le devant le groupe-classe en t'accompagnant de gestes et y mettant beaucoup d'expression.

Pour bien voyager
Pages 95 et 96

RAISONNEMENT – Questions à répondre à l'aide des idées du texte.

☐ Quel est le thème du poème? _____

Donne un autre titre au poème._____

☐ Complète le tableau. À quel endroit retrouve-t-on chacun des moyens de transport ci-dessous? Fais un crochet (✓) dans la bonne colonne.

Moyens de transport	Sur la terre	Sur l'eau	Dans les airs
Un voilier			
Un train			
Une bicyclette			
Une moto			
Un autobus			
Un paquebot			
Une automobile			
Une motoneige			
Un avion			
Une montgolfière			

☐ Lis les devinettes et trouve dans le poème, le moyen de transport qui est décrit.

a) J'ai de la place pour asseoir plusieurs personnes.

Je suis conduit par un pilote expérimenté.

J'ai des fenêtres scellées.

Qui suis-je? _____

b) Je circule dans la ville.

Je suis un grand véhicule.

Je fais souvent le même trajet.

Qui suis-je? _____

c) Je suis parfois très colorée.

À mon bord, il faut boucler les ceintures de sécurité.

J'ai besoin d'essence pour fonctionner.

Qui suis-je? _____

d) Je suis de toutes les couleurs et de toutes les formes.

Un gaz léger me permet de flotter.

Qui suis-je? _____

☐ Nomme les moyens de transport représentés dans l'illustation?

_____

☐ Associe chaque moyen de transport avec la manière dont il se déplace en les numérotant de 1 à 9.

1. La montgolfière   ___ glisse, glisse.

2. La bicyclette   ___ roule vite.

3. La moto   ___ vogue sur les flots.

4. Le voilier   ___ roule, roule.

5. Le paquebot   ___ se berce sur les vagues.

6. Le train   ___ ronronne et file.

7. L'autobus   ___ voyage bien tranquille.

8. La motoneige   ___ vole.

9. L'avion   ___ s'élève dans les airs.

☐ Fais un **x** sur les moyens de transport qui ne sont pas mentionnés dans le poème.

un train	un camion	un avion
un tracteur	un hélicoptère	une jeep
un autobus	une caravane	une brouette

☐ Le poème te présente plusieurs moyens de transport. Trouve trois moyens de transport qui n'ont pas besoin de moteur pour avancer. Dessine-les.

☐ Explique en tes propres mots les vers suivants :

Sur ta voie avec entrain roule vite petit train.

_____

_____

Vogue, vogue sur les flots gros et grand paquebot.

_____

_____

COMMUNICATION – Questions à répondre à l'aide des idées du texte et des connaissances et expériences personnelles.

☐ Dans le texte que tu viens de lire, quel est d'après toi, le moyen de transport le plus rapide? Nomme-le et explique ton choix.

_____

_____

☐ Imagine un endroit où tu aimerais aller. Où irais-tu et quel moyen de transport utiliserais-tu pour t'y rendre?

Endroit visité : _____

Moyen de transport utilisé : _____

☐ Parmi tous les moyens de transport mentionnés, lequel produit moins de pollution d'après toi? Explique ton choix et compare ta réponse avec celle d'un copain ou d'une copine.

Moyen de transport le moins polluant : _____

Raison : _____

☐ Énumère des activités que tu pourrais faire en véhicule pour t'amuser pendant un long voyage.

_____

_____

☐ Imagine que tu participes à un concours. Tu peux recevoir en cadeau un des prix suivants : une bicyclette, une trottinette, un bateau gonflable. Qu'est-ce que tu aimerais recevoir? Explique ton choix.

_____

_____

☐ Si tu devais utiliser un des moyens de transport nommés dans le poème, lequel aimerais-tu le plus utiliser? Pourquoi?

_____

_____

Lequel aimerais-tu le moins utiliser? Pourquoi?

_____

_____

☐ Classe les moyens de transport mentionnés dans le poème selon si on les utilise l'hiver, l'été ou les deux.

Hiver	Été	Hiver – Été

ORGANISATION DES IDÉES – Questions pour montrer la compréhension de l'organisation du texte.

☐ Observe la présentation et la disposition des quatre vers suivants :

> Toujours fidèle et utile
> Roule, roule, automobile.
> Glisse, glisse sur la neige,
> Amusante motoneige.

Que remarques-tu?

Choisis la bonne réponse : | Toujours   majuscule   quatre |

Chaque vers débute par une lettre _____.

Chaque vers débute au même endroit sur la ligne (p. ex., Le mot *Roule* est placé sous le mot _____.).

Les _____ vers forment un ensemble.

☐ Choisis quatre vers du poème *Pour bien voyager*. Transcris-les en respectant la disposition.

_____

_____

_____

_____

☐ Oups… Certains mots se sont échappés du poème. Remets les mots aux bons endroits. Voici un indice pour t'aider : cherche les rimes!

monter		paquebot

Vogue, vogue sur les flots

Gros et grand _____.

Grâce aux pieds de nos athlètes

Roule, roule _____.

Si vous voulez voyager

moto		bicyclette

Vite à bord il faut _____.

Avec son moteur si gros

Ronronne et file la _____.

☐ À ton tour, d'être poète! Complète les vers ci-dessous avec deux mots qui riment et qui se terminent avec le son **o**. Attention! Tu ne peux pas utiliser les mots *flots* et *paquebot*.

Vogue, vogue sur _____.

Gros et grand _____.

☐ Compose des mots à l'aide des syllabes ci-dessous. Les mots représentent cinq moyens de transport mentionnés dans le poème.

cy

pa

te

au

au

le

a

bus

to

que

vi

mo

to

on

bi

bot

bi

clet

_____

_____

_____

_____

_____

☐ Ajoute les bons articles : le, la ou les.

____ moto   ____ flots   ____ voilier

____ vagues   ____ terre   ____ paquebot

____ pieds   ____ voie   ____ neige

☐ Ajoute les bons articles : un, une ou des.

____ athlètes   ____ bicyclette

____ autobus   ____ moyens de transport

____ avion   ____ montgolfière

____ motoneige   ____ automobile

☐ Remplace la consonne au début du mot par d'autres consonnes du rectangle. Note les mots que tu as découverts.

f	b	c	m	f

Roule : ___oule ___oule ___oule ___oule

s	r	v	m	l

Terre : ___erre ___erre

v	t	m	n	r

Bord : ___ord ___ord ___ord

☐ Écris les mots au pluriel. Attention, un mot ne changera pas!

les voilier__   des montgolfière__

des autobus__   plusieurs paquebot__

plusieurs motoneige__   les train__

mes bicyclette__   mes moto__

Qu'arrive-t-il à ces mots quand il y en a plusieurs?_____

Quel mot ne change pas? _____ Pourquoi? _____

_____

☐ Transforme ces phrases en écrivant le contraire.
Ajoute **ne pas** ou **n'___ pas**.

a) J'aime voyager en train.

_____

b) Je voudrais voyager en voilier.

_____

c) J'aime me promener à bicyclette.

_____

d) J'ai vu des montgolfières dans le ciel.

_____

e) Je prends l'avion pour visiter grand-maman.

_____

ÉCRITURE (tâches ouvertes)

☐ En petit groupe, rédigez les règles de sécurité qu'il faut observer lorsqu'on voyage dans un autobus scolaire.

☐ Compose un petit poème en t'inspirant d'un de tes voyages.

☐ Invente un petit poème sur un moyen de transport. Fais de belles rimes. Ajoute un dessin.

☐ Avec un copain ou une copine, trouve quatre mots qui riment. Ensuite, inventez un poème un peu bizarre en composant quatre vers à l'aide de ces mots.

☐ Compose une devinette sur un moyen de transport. Présente-la à tes camarades.

☐ En petit groupe, préparez un recueil sur les moyens de transport. Trouvez autant de moyens de transport que possible. Placez les moyens de transport dans l'ordre alphabétique et trouvez une illustration pour chacun ou illustrez-les. Placez votre recueil au salon de lecture de la salle de classe.

COMMUNICATION ORALE (tâches ouvertes)

☐ As-tu déjà fait un voyage avec ta famille? Raconte les endroits visités et les moyens de transport utilisés.

☐ Dessine un véhicule imaginaire. Raconte aux élèves comment il fonctionne.

☐ Prépare un mime pour faire découvrir à tes camarades le véhicule que tu conduis. Lorsqu'elles et ils auront découvert le véhicule, explique pourquoi tu as choisis ce véhicule.

☐ Avec un ou une partenaire, récite et mime le poème _Pour bien voyager_. Tour à tour, l'un récite les vers pendant que l'autre mime les moyens de transport mentionnés.

Fiche de planification du dossier d'écriture

Je prépare la rédaction d'un poème.

Je choisis un thème.	
Je choisis un titre.	
J'écris des mots sur ce thème.	Je trouve des mots qui riment.

✓ Je rédige mon poème en pensant

☐ aux images dans ma tête.

☐ aux mots qui riment.

☐ aux sentiments et aux émotions.

RAISONNEMENT – Questions à répondre à l'aide des idées du texte.

☐ Observe l'illustration qui accompagne les règles de sécurité.
À qui s'adressent ces règles de sécurité? Comment le sais-tu?

_____

_____

☐ Explique en tes propres mots :

a) les endroits *aménagés* pour les jeunes.

_____

_____

b) les objets *abandonnés*.

_____

_____

c) Je rentre à l'heure *prévue*.

_____

_____

COMMUNICATION – Questions à répondre à l'aide des idées du texte et des connaissances et expériences personnelles.

☐ Avant d'aller jouer au parc, que dois-tu demander à tes parents? Pourquoi?

_____

_____

_____

☐ Décris les appareils de jeu et les endroits aménagés pour les jeunes, dans le parc où tu vas jouer. Ce parc ressemble-t-il à celui dans l'illustration? Explique ta réponse.

_____

_____

_____

☐ Nomme une autre situation où les règles de sécurité présentées dans ce texte pourraient aussi s'appliquer.

_____

_____

☐ Pourquoi est-il important de suivre les règles de sécurité lorsque tu vas jouer au parc?

_____

_____

☐ En petit groupe, discutez des choses malheureuses qui pourraient arriver si vous ne respectez pas ces règles de sécurité. Comparez vos réponses avec celles des autres groupes.

ORGANISATION DES IDÉES – Questions pour montrer la compréhension de l'organisation du texte.

☐ Observe attentivement la présentation des règles de sécurité dans le texte. Ajoute ce qui manque.

- _____ vais au parc avec la permission de mes parents.

- _____ joue dans les endroits aménagés pour les jeunes.

___ J'utilise les appareils de jeu en toute sécurité.

___ _____ ne ramasse pas d'objets abandonnés ou de déchets.

- _____.

___ Je rentre à l'heure prévue.

Quelles deux choses as-tu remarquées?

1. Chacune des règles de sécurité débute par _____.

2. Il y a un gros _____ devant chaque règle de sécurité.

☐ Quel est le titre qui accompagne ces règles de sécurité? Est-ce un bon titre? Explique ta réponse.

_____

_____

Propose un autre titre. Attention : ton titre doit nous faire savoir qu'il s'agit d'un texte présentant des règles de sécurité au parc (p. ex., *Prudence au parc*).

Voici mon titre : _____

RESPECT DES CONVENTIONS LINGUISTIQUES – Questions pour montrer la compréhension des conventions linguistiques apprises.

☐ Complète le tableau.

Écris les noms au pluriel.	Écris les noms au singulier.
un parent _____	des inconnus _____
un appareil _____	des endroits _____
un objet _____	des parcs _____
un déchet _____	des jeunes _____

Choisis un des noms et utilise-le au singulier dans une phrase à la forme affirmative (p. ex., Le chien court dans le *parc*).

_____

_____

☐ Écris correctement les verbes au présent de l'indicatif.

a) Les enfants _____ (jouer) dans les endroits aménagés pour les jeunes.

b) Nous _____ (utiliser) les appareils de jeu en toute sécurité.

c) Elle ne _____ (ramasser) pas d'objets abandonnés ou de déchets.

d) Vous ne _____ (parler) pas à des inconnus.

e) Tu _____ (rentrer) à l'heure prévue.

☐ Transforme les phrases ci-dessous en phrases à la forme négative en ajoutant **ne pas** ou **n'___ pas**.

a) Je rentre à l'heure prévue.

_____

b) J'utilise les appareils de jeu en toute sécurité.

_____

ÉCRITURE (tâches ouvertes)

☐ Choisis une règle de sécurité qui existe déjà dans l'école (p. ex., Je dois marcher dans les corridors; je ne dois pas courir.). Crée une affiche qui illustre cette règle et écris la règle sous l'affiche. Ensuite, place ton affiche sur un mur dans l'école.

☐ Avec un ou une camarade, écris des règles de sécurité qui s'appliquent à une autre situation, p.ex., aller en vélo, traverser la rue ou prendre l'autobus. Présentez vos règles de sécurité au groupe-classe.

☐ En groupe-classe, invitez la direction de l'école, un policier ou une policière ou un pompier ou une pompière à venir vous présenter des règles de sécurité. À la suite de la présentation, rédigez les règles de sécurité que la personne invitée a présentées.

☐ Avec un ou une camarade, crée la maquette de la cour de l'école en y indiquant les appareils et endroits de jeu. Utilise des symboles et une légende.

COMMUNICATION ORALE (tâches ouvertes)

☐ En petit groupe, choisissez l'une des règles de sécurité et présentez une saynète pour l'illustrer.

☐ En petit groupe, choisissez un sport. Expliquez au groupe-classe l'importance du port d'équipement protecteur pour la pratique de ce sport.

☐ Avec un ou une partenaire, rédige un slogan pour inciter les jeunes à la sécurité au parc. Présentez-le au groupe-classe. Soyez dynamiques et convaincants!

☐ Avec un ou une camarade, reformulez les règles de sécurité *Au parc*. Débutez chaque phrase avec «Il faut que» ou «Il ne faut pas», selon ce qui convient, et faites les changements nécessaires au reste de la phrase (p. ex., Il faut que je demande la permission à mes parents avant d'aller au parc. Il ne faut pas parler aux inconnus.). Présentez ces règles au groupe-classe.

☐ Trouve un dépliant où il y a des règles de sécurité. Ensuite, découpe une de ces règles, colle-la sur un carton et présente-la au groupe-classe.

Au téléphone
Page 98

RAISONNEMENT – Questions à répondre à l'aide des idées du texte.

☐ Complète les phrases à l'aide des mots du texte.

a) Si tes parents sont absents et qu'une personne inconnue veut leur parler, dis que tes parents sont _____ . Demande si tu peux noter le _____ .

b) Si tu as peur, appelle tes _____ ou un _____ .

☐ Observe l'illustration. Quel numéro de téléphone important y apparaît?

_____

COMMUNICATION – Questions à répondre à l'aide des idées du texte et des connaissances et expériences personnelles.

☐ Les règles de sécurité au téléphone s'adressent à des jeunes. Selon toi, quel âge environ ont ces jeunes? Explique ta réponse.

_____

_____

☐ D'après toi, pourquoi est-il important de ne pas parler de ta famille à un étranger?

_____

_____

☐ Le numéro d'urgence 911 apparaît sur l'illustration du téléphone. En petit groupe, énumérez toutes les situations où vous devriez signaler ce numéro. Faites-en part au groupe-classe.

☐ Connais-tu d'autres règles de sécurité à observer dans la maison, différentes de celles du téléphone? Lequelles?

_____

_____

☐ Trouve une autre règle de sécurité au téléphone qui n'a pas été mentionnée dans le texte. Communique-la à ton groupe.

_____

_____

☐ D'après toi, pourquoi ne dois-tu pas dire au téléphone qu'il n'y a que toi à la maison?

_____

_____

ORGANISATION DES IDÉES – Questions pour montrer la compréhension de l'organisation du texte.

☐ Observe attentivement la présentation des règles de sécurité *Au téléphone*. D'après toi, pourquoi l'auteur a-t-elle mis un gros point (•) devant chaque phrase? Pourquoi se sert-on de ce genre de ponctuation?

_____

_____

☐ Lis les règles de sécurité ci-dessous. Il y a des règles qui ne vont pas avec le texte que tu viens de lire. Identifie ces règles en les rayant.

– Demande à tes parents quand tu peux répondre au téléphone.

– Ne marche pas seul le soir dans la rue.

– Ne dis jamais ton nom au téléphone.

– Ne dis jamais à quelqu'un qu'il n'y a que toi à la maison.

– Ne mets pas d'objets pointus dans ta bouche.

– Ne parle pas de ta famille.

☐ Voici les règles de sécurité au téléphone. Deux de ces règles sont présentées de façon différente. Encercle ces deux règles et réécris-les ci-dessous afin que toutes les règles aient la même présentation.

- Demande à tes parents quand tu peux répondre au téléphone.

- Ne dis jamais ton nom au téléphone.

- Il ne faut pas que tu parles de ta famille.

- Ne dis jamais à quelqu'un qu'il n'y a que toi à la maison. Dis que tes parents sont occupés. Demande si tu peux noter le message.

- Si tu as peur, il faut que tu appelles tes parents ou un adulte.

- _____.

- _____.

RESPECT DES CONVENTIONS LINGUISTIQUES – Questions pour montrer la compréhension des conventions linguistiques apprises.

☐ Dans les phrases ci-dessous, encercle tous les verbes. Écris le nom de chaque verbe (p. ex. Demande verbe demander).

a) Ne dis jamais ton nom au téléphone.

Verbe : _____

b) Ne parle pas de ta famille.

Verbe : _____

c) Appelle tes parents ou un adulte.

Verbe : _____

☐ Écris les questions qui vont avec les règles de sécurité ci-dessous. Utilise l'expression «Est-ce que…».

a) Règle : Demande à tes parents quand tu peux répondre au téléphone.

Question : _____

_____

b) Règle : Demande si tu peux noter le message.

Question : _____

_____

☐ Écris le contraire de chaque phrase en ajoutant le **ne ___ pas** à la phrase.

a) Dis ton nom au téléphone.

_____

b) Parle de ta famille.

_____

ÉCRITURE (tâches ouvertes)

☐ Pense à des règles de sécurité à la maison. Rédige deux ou trois règles importantes. Écris-les sur un carton et illustre-les, si tu le désires.

☐ Fais une affiche illustrant un malheur qui pourrait arriver si tu n'agis pas avec prudence au téléphone. Écris une phrase qui explique la règle de sécurité à suivre pour éviter ce malheur.

☐ Avec un ou une camarade, composez un aide-mémoire des numéros importants de votre communauté.

COMMUNICATION ORALE (tâches ouvertes)

☐ Avec un ou une camarade, jouez les rôles d'une personne inconnue qui téléphone et de l'enfant qui répond. Suivez les règles de sécurité apprises.

☐ Est-ce qu'il t'est déjà arrivé de répondre au téléphone alors qu'un étranger appelait chez toi? Raconte ce que tu as dit.

☐ Avec un ou une camarade, imaginez une situation où vous devez signaler le 911. Interprétez cette scène au téléphone.

☐ Illustre un téléphone. Écris le nom à côté de chacune des parties importantes du téléphone. Consulte un dictionnaire visuel afin d'utiliser le bon vocabulaire. Présente ce nouveau vocabulaire aux élèves de ton équipe. Affiche ton dessin.

Si je me perds...
Page 99

RAISONNEMENT – Questions à répondre à l'aide des idées du texte.

☐ Dans quelle situation, les règles de sécurité présentées pourraient-elles être utiles?

_____

_____

☐ Complète le tableau suivant :

À qui puis-je demander de l'aide?	Quel est le numéro de téléphone gratuit en cas d'urgence?	Qu'est-ce que je dois me rappeler?

☐ D'après le texte, nomme les trois actions que tu dois faire avant de demander de l'aide.

1. _____

2. _____

3. _____

☐ Observe l'illustration. Laquelle des règles de sécurité, illustre-t-elle?

_____

_____

☐ D'après le texte, que dois-tu faire en dernier recours?

_____

_____

COMMUNICATION – Questions à répondre à l'aide des idées du texte et des connaissances et expériences personnelles.

☐ T'est-il déjà arrivé de te perdre? Si non, imagine la situation. Comment te sens-tu? Dessine ton visage. Explique tes sentiments à un ou une camarade.

```
┌─────────────────────────────────────────────┐
│                                             │
│                                             │
│                                             │
│                                             │
│                                             │
│                                             │
│                                             │
└─────────────────────────────────────────────┘
```

☐ D'après toi, comment est-ce qu'un ou une enfant peut se perdre? Explique ta réponse à ton groupe.

_____

_____

_____

_____

☐ Dessine ce que tu as appris de ce texte. Explique ton dessin à ton équipe.

☐ Selon toi, qu'arrivera-t-il si l'enfant perdu continue de marcher plutôt que de rester à l'endroit où il se trouve? Pourquoi est-il important de rester à l'endroit où l'on se trouve? _____

_____

ORGANISATION DES IDÉES – Questions pour montrer la compréhension de l'organisation du texte.

☐ Encercle la bonne réponse.

Si je me perds… est

    un poème.   une chanson.   une règle de sécurité.   un récit.

J'ai encerclé cette réponse parce que

_____

_____

☐ Trouve un autre titre à ce texte. Explique ton choix.

Titre : _____

J'ai choisi ce titre parce que _____

_____

☐ En te référant au texte, place en ordre les étapes à suivre si tu te perds. Numérote les phrases de 1 à 4.

_____ Je demande de l'aide à un adulte qui travaille ou à quelqu'un en uniforme.

_____ Je demeure calme.

_____ Je trouve un téléphone et je compose le 911.

_____ Je reste où je suis et je réfléchis.

☐ Relie les parties de phrases.

Je demeure   l'aide d'un adulte.

Je reste   mon adresse et mon numéro de téléphone.

J'attends   je compose le 911.

Je demande   calme.

Je dois me rappeler   où je suis.

En dernier recours,   que mes parents me trouvent.

☐ Écris **Vrai** ou **Faux**.

a) Devant chaque règle de sécurité, on a placé un gros point. _____

b) Toutes les phrases débutent par le pronom *Je*. _____

c) Chaque règle de sécurité débute par un verbe (p. ex., *Demeure* calme. *Reste* où tu es.). _____

RESPECT DES CONVENTIONS LINGUISTIQUES – Questions pour montrer la compréhension des conventions linguistiques apprises.

☐ Lis les phrases ci-dessous et encercle les lettres qui forment le son **an**.

a) J'attends que mes parents me trouvent.

b) Ils me cherchent sûrement.

J'ai découvert _____ façons différentes d'écrire le son **an**.

225

☐ Coupe les mots en syllabes (p. ex., tam-bour).

réfléchis   _____

adulte   _____

uniforme   _____

adresse   _____

recours   _____

☐ Lis la phrase suivante : Ils me *cherchent* sûrement.

Pourquoi le verbe *cherchent* se terminent-il par *ent*? _____

_____

☐ Utilise le bon article (*le, la, l', les*).

____ téléphone   ____ numéro   ____ sécurité

____ adulte   ____ adresse   ____ règle

____ parents   ____ uniforme   ____ personnes

☐ Trouve dans le texte deux mots de :

quatre syllabes _____   _____

Trouve dans le texte trois mots de :

trois syllabes   _____   _____   _____

deux syllabes   _____   _____   _____

une syllabe   _____   _____   _____

ÉCRITURE (tâches ouvertes)

☐ Rédige des règles de sécurité. Choisis parmi les suggestions suivantes : des règles se rapportant à l'Halloween, au camping, aux cours d'eau au printemps, aux structures de jeux à l'école. Accompagne tes règles de sécurité d'une belle illustration.

☐ Rédige un court récit au sujet d'un enfant perdu.

☐ Recopie deux phrases que tu aimes le plus parmi les règles de sécurité du texte *Si je me perds...* Illustre-les.

☐ À l'ordinateur, écris différentes règles de sécurité que l'on doit observer en autobus. Imprime-les.

☐ Fais un signet pour les livres du centre de ressources de ton école. Sur ce signet, inscris la marche à suivre si un livre est perdu. Illustre ton signet et dépose-le à la bibliothèque.

«Si je me perds... _____».

COMMUNICATION ORALE (tâches ouvertes)

☐ Participe à une discussion au sujet des règles de sécurité du texte *Si je me perds...*

☐ En petit groupe, inventez une saynète sur le sujet que vous venez de lire.

☐ Avec un ou une camarade, imaginez votre discussion si vous vous perdez lors d'une excursion avec le groupe-classe. Présentez votre discussion au groupe-classe.

☐ Enregistre sur cassette audio un court texte racontant comment tu t'es senti(e) lors d'une situation où tu étais perdu(e). Si tu n'as jamais été perdu(e), imagine alors un récit fictif.

Fiche de planification du dossier d'écriture

Je prépare la rédaction des règles de sécurité.

Je choisis le thème de mes règles de sécurité.
Je choisis le titre.

Mes règles de sécurité commenceront par

☐ Je... (p. ex., Je demeure calme.)

☐ un verbe (p. ex., Demande à tes parents...)

☐ Il faut que ....

☐ _____

Je note les éléments importants à écrire pour chaque règle.	Je note l'ordre des phrases.

✓ Je rédige mes règles de sécurité en suivant mon plan.

✓ Je place un gros point (•) devant chaque règle.

✓ J'illustre mes règles de sécurité.

RAISONNEMENT – Questions à répondre à l'aide des idées du texte.

☐ Quel message l'auteure veut-elle donner aux lecteurs et aux lectrices en rédigeant ces slogans?

_____

_____

_____

☐ Trouve dans le texte le mot qui veut dire _fantastique_. _____

☐ Que veut dire l'expression suivante : «... la prudence, c'est crucial»?
Encercle la bonne réponse.

La prudence,   c'est très important!

                   c'est inutile!

                   c'est fatigant!

☐ Dans le slogan : _Mon casque, mon armure!_ que veut dire le mot _armure?_
Encercle la bonne réponse.

Mon casque, mon armure! veut dire

Mon casque,   ma décoration!

              mon chapeau!

              ma protection!

COMMUNICATION — Questions à répondre à l'aide des idées du texte et des connaissances et expériences personnelles.

☐ Parmi les slogans que tu as lus, écris celui que tu préfères. Illustre-le.

slogan : _____

_____

☐ Observe l'illustration qui accompagne les slogans. Selon toi, notre jeune cycliste, est-il prudent? Donne tes raisons.

_____

_____

_____

_____

☐ Plusieurs des slogans incitent les jeunes à porter le casque. Es-tu pour ou contre le port du casque? Exprime ton opinion.

_____

_____

_____

☐ As-tu déjà eu une chute ou un accident en bicyclette? Crois-tu que ton casque a réussi à te protéger? Raconte.

☐ Relis attentivement les slogans. Démontre les caractéristiques du slogan en écrivant **oui** ou **non**.

a) Un slogan renferme des mots qui riment. _____

b) Un slogan est ennuyant à lire. _____

c) Un slogan renferme toujours des règles de sécurité. _____

d) Un slogan est habituellement court. _____

e) Un slogan raconte un récit. _____

f) Un slogan peut être amusant, drôle. _____

g) Un slogan encourage parfois les gens à faire des choses. _____

☐ Relie par un trait les deux parties des slogans.

Bravo pour   voyons!

Mon casque,   la prudence à vélo!

Un casque pour ma protection,   mon casque protège ma tête dure!

À chaque aventure,   mais la prudence, c'est crucial!

Un casque pour le guidon?   mon armure!

Le vélo, c'est génial,   Bien non!

☐ Écris un autre titre pour cette page de slogans. Explique ton choix.

Titre : _____

J'ai choisi ce titre parce que_____

_____

☐ Forme quatre noms en associant des syllabes.

| lo | pru | que | vé | den | don | ce | cas | gui |

un _____

la _____

un _____

un _____

☐ Accorde les adjectifs avec les noms.

| rapide | solide | dur | rigide |

des têtes _____   des guidons _____

des vélos _____   des casques _____

☐ Mets ces mots dans l'ordre alphabétique :

| casque | guidon | bravo | prudence | aventure | dure |

1. _____   2. _____

3. _____   4. _____

5. _____   6. _____

☐ Fais une phrase interrogative à l'aide des mots suivants :

| portes | un casque | aller | tu | en | pour, | vélo? | Est-ce que |

_____

_____

ÉCRITURE (tâches ouvertes)

☐ Écris un slogan sur ta matière préférée à l'école.

☐ Fais une affiche pour promouvoir le slogan que tu préfères parmi tous les slogans du texte *À vélo...*

☐ En petit groupe, rédigez les règles de sécurité pour aller en vélo.

Présentez votre travail au groupe-classe.

☐ Pense à un autre slogan se rapportant au vélo. Écris-le.

☐ Compose un slogan au sujet d'un ou d'une camarade. Par exemple, parle de ses habiletés, ses sports préférés, ses activités favorites, etc.

☐ Invente un slogan au sujet d'un autre moyen de transport que tu utilises.

☐ Au bas d'une grande feuille de papier, trace une rue. Le long de cette rue, trace le contour de trois ou quatre magasins. Découpe des noms de magasins dans les journaux et colle-les sur les magasins que tu as tracés. Invente des slogans pour annoncer des marchandises vendues par ces magasins. Écris ces slogans dans les vitrines de tes magasins. Ajoute de la couleur et des personnages à ton œuvre.

COMMUNICATION ORALE (tâches ouvertes)

☐ En petit groupe, faites la liste des différents slogans que vous connaissez. Partagez vos découvertes avec le groupe-classe en présentant chacun et chacune au moins un slogan. Soyez amusants et convaincants!

☐ Fais connaître le nom des principales parties de la bicyclette. Découpe une illustration d'un vélo dans un magazine ou un catalogue et colle-la sur un carton. Consulte un dictionnaire visuel afin d'écrire correctement les noms des parties de ton vélo. Présente ton travail au groupe-classe.

☐ Raconte à ton groupe ta plus belle randonnée en vélo. Où étais-tu? Avec qui? Que s'est-il passé? etc.

☐ Si tu pouvais aller où tu veux en vélo, où irais-tu? Pourquoi? Raconte.

☐ Décris la bicyclette de tes rêves et explique pourquoi tu aimerais la posséder.

Bonne forme physique
Page 101

RAISONNEMENT – Questions à répondre à l'aide des idées du texte.

☐ Regarde l'illustration et nomme un sport que le garçon en fauteuil roulant peut exercer.

_____

☐ Fais la liste de tous les sports illustrés. Pour chacun, dis où ce sport se pratique : à l'intérieur? ou à l'extérieur?.

Sports	Intérieur (✓)	Extérieur (✓)

☐ Quels sentiments éprouvent les enfants face à la bonne forme physique? Comment le sais-tu?

_____

_____

_____

☐ Explique en tes propres mots le slogan :

L'exercice, c'est bon pour le physique!

_____

_____

COMMUNICATION – Questions à répondre à l'aide des idées du texte et des connaissances et expériences personnelles.

☐ Es-tu d'accord avec le slogan : *L'exercice et la musique, c'est tout simplement dynamique!*? Explique ta réponse.

_____

☐ Quel est le titre de ce texte? Selon toi, est-ce un bon choix? Explique ta réponse.

_____

_____

☐ Selon toi, pourquoi les enfants ont-ils écrit ces trois slogans?

_____

_____

ORGANISATION DES IDÉES – Questions pour montrer la compréhension de l'organisation du texte.

☐ De quel genre de texte s'agit-il? Quelles sont les caractéristiques de ce genre de texte?

_____

_____

_____

☐ Encercle la bonne réponse dans chaque phrase.

a) Un slogan c'est...   court ou très long.

b) Un slogan c'est...   amusant ou ennuyant.

c) Un slogan c'est...   différent ou ordinaire.

☐ Complète les slogans en démontrant les caractéristiques de ce genre de texte.

L'éducation physique, c'est _____

L'exercice, c'est _____

☐ Quel genre de ponctuation, y a-t-il à la fin de chaque slogan?

_____

Pourquoi utilise-t-on cette ponctuation? _____

_____

☐ Remplace les mots *magnifique* et *dynamique* par d'autres mots qui riment.

L'éducation physique, c'est _____!

L'exercice et la musique, c'est tout simplement _____!

☐ Lis les phrases ci-dessous. Encercle en rouge celles qui sont des slogans.

a) Le soleil est chaud et brillant.

b) Le feu, c'est dangereux!

c) J'aime la crème glacée et le lait.

d) Souriez, ça ne coûte rien et ça fait tellement de bien!

RESPECT DES CONVENTIONS LINGUISTIQUES – Questions pour montrer la compréhension des conventions linguistiques apprises.

☐ Trouve cinq verbes qui «bougent». Ensuite, fais une belle phrase avec chaque verbe (p. ex., sauter : Je saute à la corde.).

1. _____

2. _____

3. _____

4. _____

5. _____

☐ Voici quelques phrases. Transforme-les en phrases interrogatives en utilisant l'expression «Est-ce que...». N'oublie pas la bonne ponctuation à la fin de chaque phrase.

a) Je marche très lentement.

_____

b) Marie frappe le ballon.

_____

c) Nikolas aime jouer au ballon-panier.

_____

☐ Souligne les noms masculins.

la musique   les slogans   un exercice

une élève   le ballon   la forme

☐ Copie le paragraphe en écriture cursive et ajoute la bonne ponctuation. Attention, certaines majuscules devront aussi être ajoutées.

J'aime pratiquer plusieurs sports l'été je fais de la natation dans ma piscine C'est tellement agréable j'aime aussi jouer au soccer avec mes amis L'hiver je patine et je me rends au parc pour glisser toi, est-ce que tu aimes les sports

_____

_____

_____

_____

_____

_____

☐ Invente, toi aussi, un slogan sur la bonne forme physique. Illustre-le à l'aide d'une affiche.

☐ Les slogans que tu viens de lire sont tous des slogans incitatifs, c'est-à-dire des slogans qui nous encouragent à faire des choses, à poser des actions ou des gestes. Invente un slogan incitatif et amusant au sujet de la bonne forme physique.

☐ Dessine une personne de ton choix avec les vêtements qu'elle porterait pour pratiquer un sport particulier (p. ex., le hockey). Écris le nom de chaque pièce d'équipement à l'aide d'étiquettes.

☐ Illustre ton sport préféré. Quel slogan pourrais-tu écrire à propos de ce sport pour inciter les gens à le pratiquer? Écris-le.

☐ Crée un slogan pour encourager les enfants à prendre soin de la planète. Si tu le désires, écris ton slogan dans l'illustration d'un globe terrestre ou de la planète Terre.

☐ Dessine trois activités physiques qui favorisent la bonne forme. Complète les phrases.

a) Je _____.

b) Je _____.

c) Je _____.

COMMUNICATION ORALE (tâches ouvertes)

☐ Choisis l'un des trois slogans du texte *Bonne forme physique*. Mime ce slogan et invite les élèves de ton équipe à se joindre à toi. Ensemble, récitez ce slogan avec entrain. Démontrez votre bonne forme physique!

☐ Invente une comptine que tu réciteras pendant que tu sautes à la corde. Enseigne-la à tes camarades.

☐ Trouve un slogan qui t'intéresse dans un journal ou un magazine, avec l'aide de tes parents. Présente-le aux élèves de ton équipe et explique pourquoi tu le trouves intéressant.

☐ Présente ton héros sportif ou ton héroïne sportive aux élèves de ton groupe. Agrémente ta présentation d'illustrations ou d'autres éléments visuels, si tu le peux.

☐ En petit groupe, organisez un marathon (course, marche, danse, sauts) ou toute autre activité physique pour encourager les élèves de la classe à la bonne forme physique. Cette activité pourrait se dérouler lors des récréations ou à l'heure du dîner. Si c'est possible, lancez cette invitation à toute l'école, à l'aide de l'interphone.
Choisissez bien le vocabulaire de votre invitation afin de convaincre le plus d'élèves possible à se joindre à vous.

☐ En petit groupe, faites un sondage auprès des élèves du groupe-classe afin de connaître les sports les plus pratiqués. Inscrivez vos données dans un diagramme à bandes et partagez vos découvertes avec le groupe-classe.

Les dents
Page 102

RAISONNEMENT – Questions à répondre à l'aide des idées du texte.

☐ Réponds aux questions à l'aide du texte *Les dents*.

a) Qu'est-ce que les slogans présentés ici visent à t'encourager à faire?

_____

_____

_____

b) Quelles personnes l'un des slogans t'encourage-t-il à visiter?

_____

_____

c) Quel est le défi lancé par un des slogans?

_____

_____

_____

☐ Nomme les objets illustrés qui t'aident à prendre soin de tes dents.

_____

_____

_____

COMMUNICATION – Questions à répondre à l'aide des idées du texte et des connaissances et expériences personnelles.

☐ Énumère les choses que l'on doit faire pour prendre soin de ses dents.

_____

_____

☐ Pourquoi tes parents t'encouragent-ils à te brosser les dents?

_____

_____

☐ Qu'est-ce qu'un ou une hygiéniste dentaire? Pourquoi est-il bien de visiter cette personne?

_____

_____

_____

☐ Explique ce qu'est une carie.

_____

_____

☐ Aimes-tu rendre visite à ta ou ton dentiste? Raconte.

_____

_____

ORGANISATION DES IDÉES – Questions pour montrer la compréhension de l'organisation du texte.

☐ Encercle les mots qui riment dans chacun des slogans.

Des gencives et des dents extraordinaires avec une brosse et de la soie dentaire!

Mon dentiste et mon hygiéniste, moi, je les visite!

Pour un sourire étincelant, brosse bien tes dents!

Mon défi : n'avoir aucune carie!

Brosse tes dents et tes parents seront contents!

☐ Réécris les slogans en forme de vers sur un carton ou un papier de construction, en mettant les mots qui riment à la fin de chaque vers. Ensuite, réalise une belle illustration sur ton carton et affiche-le dans la salle de classe.

☐ Complète les slogans en changeant certains mots!

Brosse tes dents
_____ sera content!
Et _____

Pour un sourire _____
Brosse bien tes dents!

RESPECT DES CONVENTIONS LINGUISTIQUES – Questions pour montrer la compréhension des conventions linguistiques apprises.

☐ Note les deux verbes que tu retrouves dans les slogans.

_____   _____

a) Conjugue le verbe brosser au présent de l'indicatif.

Je _____ mes dents.

Tu _____ tes dents.

Il _____ ses dents.

Nous _____ nos dents.

Vous _____ vos dents.

Ils _____ leurs dents.

Elles _____ leurs dents.

b) Écris une phrase de ton choix renfermant l'autre verbe que tu as noté.

_____

_____

☐ Mets au pluriel les noms et les adjectifs suivants :

a) une gencive extraordinaire

_____

b) la soie dentaire

_____

c) un parent content

_____

d) un sourire étincelant

_____

J'ai formé le pluriel des noms et des adjectifs en ajoutant _____.

☐ Complète les phrases à l'aide des mots suivants :

ensuite	puis	alors

a) Je brosse mes dents _____ j'utilise la soie dentaire.

b) Je mange ma collation _____ je me brosse les dents.

c) Je brosse bien mes dents _____ j'ai un sourire étincelant.

☐ Mets au féminin les adjectifs suivants :

a) un sourire *étincelant*   une bouche _____

b) un papa *content*   une maman_____

c) un dentiste *souriant*   une dentiste _____

J'ai formé le féminin des adjectifs en ajoutant _____.

ÉCRITURE (tâches ouvertes)

☐ Avec un ou une camarade, choisis le thème d'un slogan. Compose la première partie d'un slogan. Ensuite, échange ton texte avec ta ou ton camarade. Tu compléteras son slogan et elle ou il terminera le tien.

☐ Avec un ou une camarade, fais un remue-méninges. Ensemble, dressez une liste de tous les mots que vous connaissez qui se rapportent aux dents. Présentez votre vocabulaire sur un grand carton. Disposez votre travail de façon originale et illustrez chacun des mots que vous écrirez. Donnez un titre accrocheur à votre affiche.

COMMUNICATION ORALE (tâches ouvertes)

☐ En petit groupe, présentez une saynète décrivant une visite chez la ou le dentiste. Débutez la saynète en partant du moment où vous vous présentez à la réception. Utilisez un vocabulaire juste et agissez avec politesse.

☐ En petit groupe, découpez les slogans que vous trouverez dans des journaux ou des magazines. Collez-les sur un grand carton. Ajoutez également par écrit les slogans que le groupe connaît. À tour de rôle, présentez au groupe-classe le slogan que vous préférez et dites pourquoi c'est votre slogan préféré.

☐ En petit groupe, exercez-vous à réciter sous forme de rap, un ou deux slogans tirés du texte *Les dents*. Présentez-les ensuite aux autres élèves du groupe-classe et amusez-vous.

☐ Décris aux élèves de ton équipe les soins à donner aux dents. Fais une démonstration en utilisant le matériel dentaire approprié et explique clairement la façon de faire correctement chacun des soins.

Fiche de planification du dossier d'écriture

Je prépare la rédaction d'un slogan.

Je choisis le sujet de mon slogan : _____

Mon slogan vise à : _____

Pour rédiger de bons slogans, je prépare une banque de mots.

J'écris des mots qui riment et qui vont avec le sujet choisi.

✓ Je rédige mon slogan en utilisant des phrases courtes ou des formules brèves qui attirent l'attention.

☐ Je rédige mon slogan sous forme de vers qui riment.

☐ J'utilise le point d'exclamation (!) si cela est approprié

Achevé d'imprimer en juin 2003
sur les presses du
Centre franco-ontarien de ressources pédagogiques.